Reinhard Schröder

Paris–Brest–Paris: 1200 Kilometer nonstop
Eine persönliche Erinnerung an ein außergewöhnliches Radrennen

AF272280

Reinhard Schröder

Paris–Brest–Paris

1200 Kilometer nonstop

Eine persönliche Erinnerung an ein außergewöhnliches
Radrennen

Die Deutsche Bibliothek – CIP-Einheitsaufnahme

Paris–Brest–Paris: 1200 Kilometer nonstop, Eine persönliche Erinnerung an ein außergewöhnliches Radrennen / Reinhard Schröder.
Druck: Books on Demand GmbH

ISBN 3-89811-544-5

Umschlaggestaltung: Reinhard Schröder [1]
© Reinhard Schröder, Gilching
2. Auflage Dezember 2000

Printed in Germany

ISBN 3-89811-544-5

Dieses Buch ist allen Randonneuren dieser Welt gewidmet – und denen, die es noch werden wollen.

Inhaltsverzeichnis

Einleitung

Vom 23.–27. August 1999 sollte es endlich stattfinden, die vierzehnte Auflage des Radrennens »Paris–Brest–Paris Randonneurs«. Es sollte der mit Abstand längste Radmarathon werden, den ich bisher bestritten hatte. Schon seit mehreren Monaten kreisten meine Gedanken kontinuierlich um dieses Rennen und was mich dabei alles erwarten würde. Es war trotz der gewissenhaften Vorbereitung ein Vorstoß in eine für mich neue und unbekannte Dimension. Allein die nackten Fakten dieses Rennens konnten einem Angst einflößen. Es war eine Strecke von über 1200 Kilometern zu bewältigen und gleichzeitig noch eine Höhendifferenz von stolzen 10.000 Metern. Zudem musste diese Strecke an einem Stück bewältigt werden, denn die Uhr wurde für jeden Teilnehmer erst angehalten, wenn er nach Paris zurückgekehrt war. Jeder konnte dabei selbst entscheiden, ob und wie lange er Pause machte. Randbedingung war jedoch, dass man in höchstens 90 Stunden wieder in Paris sein musste, um offiziell gewertet zu werden. Die einzig zwingenden Unterbrechungen waren das Passieren der 15 Kontrollstellen, durch die nachgewiesen wurde, dass man die Strecke auch tatsächlich bewältigt hatte. Immer wieder stellte ich Vergleiche mit meinen bisherigen Radmarathons an. Doch dabei wurde mir auch nicht wohler. Die Länge der Strecke entspricht z.B. der Distanz Hamburg–Genua[1], also von der Nordsee bis zum Mittelmeer. Bei der Höhendifferenz stellte ich mir die längsten und höchsten Alpenpässe vor, die es gerade mal auf 2000 Meter Höhendifferenz bringen. Selbst eine imaginäre Rampe vom Meeresspiegel auf den höchsten Berg der Erde, den Mt. Everest, würde nicht ausreichen, um diese Höhendifferenz zu beschreiben. Trotz all dieser atemberaubenden Fakten war ich fest entschlossen, diese Herausforderung anzunehmen.

---

[1] Siehe Übersichtskarte im Anhang.

Geschichte des Rennens

Das Radrennen Paris–Brest–Paris hat eine spektakuläre, aber in heutiger Zeit weithin unbekannte Tradition. Tatsächlich ist es sogar das älteste, heute noch ausgetragene Radrennen der Welt.

Den Begriff Rennen muss man allerdings etwas relativieren, da er dieser Veranstaltung nicht in vollem Umfang gerecht wird. Der überwiegende Teil der Teilnehmer sieht diese Veranstaltung eher als eine individuelle Prüfung, bei der es darum geht, das eigene Durchhaltevermögen über eine sehr lange Distanz und eine gewaltige Höhendifferenz zu erproben. Diese Art des Radmarathons wird daher oft als »Brevet« (franz.: Diplom, Prüfung) bezeichnet. Es geht diesen Teilnehmern nicht so sehr um den Konkurrenzkampf mit anderen Fahrern, sondern der Gegner ist die Distanz an sich. Nichtsdestotrotz erfolgt bei Paris–Brest–Paris eine offizielle Zeitnahme. Somit steht es jedem Teilnehmer frei, die Veranstaltung als Rennen aufzufassen, mit allen daraus resultierenden Konsequenzen. Daher ergibt sich ein recht bunter Teilnehmerkreis vom professionell trainierten und betreuten Radamateur (Profis haben seit 1951 nicht mehr teilgenommen und sind mittlerweile auch nicht mehr zugelassen) bis zum 75-jährigen Radwanderer mit großer Packtasche auf seinem Tourenrad. Für alle gleich sind aber die Randbedingungen dieses »Brevet de Randonneurs Mondiaux« (frei übersetzt: eine Prüfung für Radwanderer aus aller Welt). Der Einfachheit halber werde ich es im Folgenden aber nur noch als Rennen bezeichnen, da dies noch am ehesten meiner eigenen Einstellung zu dieser Veranstaltung entspricht.

Um zu verstehen, was Paris–Brest–Paris heute noch alles darstellt, ist es unumgänglich einen Blick zurück auf die Historie[2] des Rennens zu werfen. Dies veranschaulicht, wie sich der Teilnehmerkreis und die Regeln im Laufe der Jahrzehnte gewandelt haben.

1891: Im ersten langen Radrennen der Geschichte, den 600 km von Bordeaux nach Paris, belegten drei britische Fahrer überraschenderweise die ersten Plätze, indem sie ohne Pause durchfuhren. G.P. Mills war der Sieger in weniger als 27 Stunden. Die Veranstaltung verursachte großes Interesse in der französischen Öffentlichkeit. Dazu muss man sich vergegenwärtigen, dass das Fahrrad, in der Form, wie wir es heute kennen, gerade mal sechs Jahre zuvor erfunden worden war. Viele Menschen betrachteten es damals als Absonderlichkeit, die bald wieder verschwinden würde. Der Journalist und eingefleischte Radfahrer Pierre Giffard aber erkannte das Potenzial, das in dieser

---

[2] Siehe auch [2],[3],[4],[5]

10

noch so jungen Erfindung steckte. Es gab in ganz Frankreich erst wenige tausend Radfahrer und nur eine Handvoll Radrennfahrer. Er wollte daher eine dramatische Demonstration der Leistungsfähigkeit, der Reichweite und der Vielseitigkeit des Fahrrades. Gleichzeitig war er auch Journalist und wollte die Auflage seiner Zeitung »Petit Journal« erhöhen. Daher kam Giffard auf die Idee einer Veranstaltung von unglaublichem Ausmaß. Es sollte nicht einfach nur ein Wettrennen sein, sondern in erster Linie ein Wettkampf, bei dem Überlegung, Geschicklichkeit und Ausdauer gefordert waren. Giffard formulierte die Idee eines Wettkampfes, der von Paris bis an den Atlantik mit Zielort Brest und wieder zurück nach Paris gehen sollte. Er heizte das Interesse der Öffentlichkeit mit einer ganzen Serie von inbrünstigen Artikeln an. Konnte ein Mensch nur mit Hilfe seiner Muskelkraft so eine Heldentat vollbringen? Die Mediziner der damaligen Zeit waren sich einig, dass dies nicht möglich wäre und verurteilten die Idee als reinen Wahnsinn. Ein Mediziner schrieb sogar: »Das Fahrrad in einer solchen Überdosis wird den Fahrer so sicher umbringen wie eine Überdosis Arsen.« Trotz dieser furchtbaren Prognosen fingen viele Wagemutige an, sich zu diesem Wettkampf anzumelden. Giffard war sogar selbst überrascht von der stürmischen Reaktion, die er ausgelöst hatte. Mitten in der Ausschreibung änderte er die Regeln und forderte eine für damalige Verhältnisse unerhörte Anmeldegebühr von 5 Franc. Trotzdem meldeten sich über 400 Fahrer inklusive 7 Frauen an. Die neuen Regeln schrieben unter anderem ein Zeitlimit von 10 Tagen und die Benutzung eines einzigen Fahrrades für die gesamte Strecke vor. Um dies sicher zu stellen, wurden die Räder in einer zwei Tage dauernden pompösen Zeremonie vor dem Gebäude des »Petit Journal« versiegelt. Im letzten Moment entschloss sich Giffard, die Anmeldungen von ausländischen Fahrern und Frauen abzulehnen, sodass am 6. September 1891 letztlich 207 Fahrer in Paris starteten. Unter den Fahrrädern waren auch 10 Dreiräder, 2 Tandems und ein Hochrad. Dies wurde von M. Duval gefahren und ist bis heute das einzige Hochrad, das diese Strecke bewältigt hat. Zugelassen waren sowohl Profis als auch Amateure. Die Profis hatten Begleitmannschaften, die ihre Ausrüstung transportierten und jeweils 10 Tempomacher. 3 Fahrer kamen insbesondere für den Sieg in Frage. Die Radprofis Jules Dubois, Charles Terront und Jacques Jiel-Laval. Jules Dubois gab nach drei Plattfüßen in Folge bereits nach wenigen Kilometern entnervt auf. Charles Terront gewann in einer Zeit von 71h35m, in der er auch ohne Schlaf auskam. Er hatte seine Müdigkeit lediglich mit starkem französischem Kaffee bekämpft. Unterwegs hatte er unter anderem eine gebrochene Tretkurbel und musste mit einem Bein bis zur nächsten Kontrolle fahren. Trotz dieses Handicaps konnten die meisten seiner Mannschaftskameraden sein Tempo nicht halten.

Terronts Sieg war nicht nur eine eindrucksvolle Demonstration der Größe der menschlichen Leistungsfähigkeit, sondern auch ein technologischer Fortschritt. Eines der am heftigsten diskutierten Themen im Vorfeld war die Frage gewesen, welcher Reifentyp der Bessere wäre. Erst zwei Jahre zuvor hatten die Michelin-Brüder den luftgefüllten Reifen mit den entsprechenden Felgen erfunden. Terront wurde von Michelin unterstützt, während Jiel-Laval, der Zweitplazierte, mit über 8 Stunden Rückstand, wie viele zu dieser Zeit, noch mit Vollgummireifen fuhr. Der Erfolg Terronts läutete das Ende dieser Technik ein und ebnete den Weg für das pneumatische Fahren. Insgesamt erreichten 99 Fahrer das Ziel. Die meisten benötigten mehrere Tage, da sie Übernachtungspausen einlegten. Giffard war außer sich ob seines Erfolges. Er füllte noch Monate später die Zeitungen mit den Heldentaten seiner ertragreichen Veranstaltung. Er schrieb unter anderem: »Zum ersten Mal sahen wir eine neue Art des Reisens, einen neuen Weg zum Abenteuer, eine neue Perspektive des Vergnügens. Diese Radfahrer sind über 10 Tage im Schnitt 120 Kilometer gefahren und trotzdem frisch und gesund angekommen. Auch ein geschickter und tapferer Reiter könnte dies nicht übertreffen. Stehen wir nicht an der Grenze zu einer neuen und wundervollen Welt?« Eine wundervolle Welt sollte es in Bezug auf den Aufschwung des Radsports werden und in den folgenden Jahren wurde z.B. das Rennen Bordeaux–Paris regelmäßig ausgetragen. Des Weiteren erlebten in den Folgejahren Rennen wie Wien–Berlin, Lüttich–Bastogne–Lüttich, Rennes–Brest, Spa–Bastogne–Spa, Genf–Bern, Mailand–Turin, Paris–Besancon, Lyon–Paris–Lyon und Paris–Roubaix ihre Erstaustragungen. Wegen des beschwerlichen Charakters von Paris–Brest–Paris sollte dieses Rennen aber zunächst nur alle 10 Jahre ausgetragen werden.

1901: Henri Desgranges teilte die Teilnehmer von Paris–Brest–Paris in zwei Gruppen ein. Zum einen die »coureurs de vitesse«, professionelle Straßenfahrer und zum anderen die »touristes routiers«, die Radtouristen. Das Preisgeld betrug 10.000 Franc für die Profis und 2000 Franc für die Radtouristen. Am 16. August 1901 starteten um 4.53 Uhr 41 Profis, gefolgt von den Radtouristen 17 Minuten später. Maurice Garin gewann die Wertung der Profis in 52h11m und Rosiere war der schnellste Radtourist in 62h26m. 72 Radtouristen erreichten das Ziel, unter ihnen ein gewisser Rousset, der mit 65 Jahren die Strecke in 202 Stunden absolvierte. P–B–P wurde nur alle 10 Jahre ausgetragen, da die Distanz so groß war, dass die Profis Schwierigkeiten hatten, ihr Training darauf auszurichten und gleichzeitig noch konventionelle Straßenrennen zu bestreiten. Im Jahre 1903 organisierte Henri Desgranges zum ersten Mal die Tour de France, bei der er Etappen einführte, die den Fahrern erlaubten, sich auszuruhen. Diese Veranstaltung sollte P–B–P relativ bald als das bedeutendste Radrennen ablösen. Inspiriert wurde die Tour de France aber letztlich durch den Erfolg und die legendäre Berühmtheit von P–B–P.

1911: Die Regeln wurden dahingehend geändert, dass Tempomacher und die Unterstützung der Fahrer zwischen den Kontrollpunkten verboten wurde. Die Profis änderten daraufhin ihre Taktik und blieben bis Brest in einer großen Gruppe zusammen. Erlaubt wurde den Profis hingegen erstmals das beliebige Wechseln der Fahrräder. 13 Profis und 120 Radtouristen nahmen teil. Emile Georget gewann bei den Profis in 50h13m. Der erste Radtourist im Ziel war Heusghem, der aber wegen unerlaubter Unterstützung disqualifiziert wurde und somit Ringeval und Garin (Sieger 1901 bei den Profis) die Sieger dieser Kategorie wurden.

1921: Am 2. September 1921 gingen 43 Profis und 63 Radtouristen an den Start. Die Anzahl der Geheimkontrollen wurde erhöht. Der Belgier Louis Mottiat gewann in 55h7m8s.

1931: 28 Profis und 60 Radtouristen gingen an den Start. Den »touristes routieres« wurde zum ersten Mal ein Zeitlimit von 90 Stunden auferlegt. Außerdem wurden sie umbenannt in »Randonneurs« (franz.: Radwanderer) und in zwei Gruppen eingeteilt. Mit der Einführung der Kategorie »Randonneurs« begann auch die bis heute gültige Zählweise. Die eine Gruppe »allure libre« (freie Geschwindigkeit) wurde vom »Audax Club Parisien« verwaltet. Die andere Gruppe der »Audax«-Fahrer wurde von der »Union des Audax Cyclistes Parisiens« verwaltet. Beim »Audax« (lat.: verwegen, mutig) fuhren die Teilnehmer nach strengen Regeln im geschlossenen Verband mit einer Durchschnittsgeschwindigkeit von 22,5 km/h und fest vorgeschriebenen Pausen.
Bei den Profis gewann der Australier Hubert Opperman in 49h23m. Die schnellsten Randonneure waren Tranchant, Cottard und Ruard in 68h30m. Vier Frauen kamen auf gemischten[3] Tandems ins Ziel und Paulette Vassard war die erste Frau, die in der Einzelfahrerkategorie das Ziel erreichte in 93h25m.

1948: Der »Audax Club Parisien« entschied, die durch den zweiten Weltkrieg ausgefallene Ausgabe in diesem Jahr nachzuholen. Da schon bekannt war, dass man im Jahre 1951 wieder zum gewohnten zehnjährigen Rhythmus zurückkehren würde, notierte man nur 172 Einschreibungen bei den Randonneuren. Es gewannen Bernard und Raffaitin in 51h15m. Bei den Profis starteten 52 Fahrer, von denen nur 11 das Ziel erreichten. Der Belgier Albert Hendrickx gewann mit einer Zeit von 41h36m42s.

---

[3] Tandems, die von einem Mann und einer Frau gefahren werden.

1951: Es sollte das letzte Jahr für die Profis werden, deren Anzahl sich immer weiter verringerte. Das Rennen wurde auch in den Jahren 1956 und 1961 als Profirennen ausgeschrieben, aber wegen des mangelnden Interesses für diese Fahrerkategorie gestrichen. Es starteten nur noch 41 Profis, von denen Maurice Diot in der absoluten Rekordzeit von 38h55m gewann.

Bei den Randonneuren waren die besten Fahrer der damaligen Zeit alle versammelt und man notierte 446 Einschreibungen. Bei den Einzelfahrern wurde durch Chetivaux und Coutellier erstmals die 50 h-Marke mit 48h25m unterboten. In der Tandemkategorie waren Routens und Fourmy in 47h54m sogar noch schneller. Dieser Rekord sollte erst im Jahre 1999 gebrochen worden! Genauso wie der Rekord bei den gemischten Tandems durch Gillet und Seurin in 49h29m!

1956: Die Austragung wurde auf einen fünfjährigen Rhythmus verkürzt. Leider ging die Teilnehmerzahl auf 232 zurück. Fürchterliche Wetterbedingungen führten zudem zu einer extrem hohen Ausfallquote von über 30 Prozent. Die Bestzeiten aus dem Jahre 1951 waren daher nicht gefährdet und Roger Baumann gewann in 52h19m.

1961: Die Teilnehmerzahl war mit 179 Einschreibungen erneut rückläufig. Wie schon 1956 war die Ausfallquote sehr hoch mit annähernd 30 Prozent. Schlechte Wetterbedingungen und ein extrem schneller Start (über 40 km in der ersten Stunde) waren mit dafür verantwortlich. Fouace ließ sich jedoch davon nicht beeindrucken und verbesserte den Rekord gleich um mehr als zwei Stunden auf 46h18m. Auch bei den Frauen wurde eine neue Rekordzeit erzielt durch Jeanne de Andris in 62h3m.

1966: Das vorerst letzte Jahr, in dem die Teilnehmerzahl abnahm. Es standen nur 167 Fahrer am Start. Die Ausfallquote war aber sehr gering, denn es erreichten 135 das Ziel. Die beiden Sieger Macaudière und Demilly konnten erneut den Rekord deutlich auf nun 44h21m verbessern. Dritter wurde ein kleiner Belgier namens Herman de Munck. Seine große Zeit bei P–B–P sollte erst noch kommen.

1971: In diesem Jahr teilten sich die beiden Gruppen der »Audax«-Fahrer und der »allure libre«-Randonneure zum letzten Mal denselben Veranstaltungsrahmen. 330 »Audax«-Fahrer, verteilt auf 17 Gruppen, starteten 4 Tage vor den Randonneuren und alle erreichten innerhalb der 90 Stunden das Ziel. Die 328 Randonneure starteten am 6. September 1971 um 16.00 Uhr mit einem Massenstart. Acht Fahrer, die schon erfolgreich das »Audax P–B–P« beendet hatten, starteten am darauffolgenden Nachmittag als Randonneure! Patrick Plaine fuhr auf dieser zweiten Strecke eine Zeit von 55h18m. Louis

Bonny stellte eine neue Rekordzeit bis Brest auf in 20h26m und Sieger wurde der Belgier Herman de Munck in 45h39m.

1975: Das P–B–P für Randonneure fand jetzt alle vier Jahre statt. Die »Audax«-Fahrer blieben beim fünfjährigen Intervall. In diesem Jahr wurde zum ersten Mal eine Qualifikation gefordert. Es musste im selben Jahr ein Brevet über 600 km in 40 Stunden absolviert worden sein. Es sollte das letzte P–B–P sein, das vorwiegend auf Hauptstraßen ausgetragen wurde, da tragischerweise zwei Fahrer ums Leben kamen. Es gingen 704 Fahrer an den Start. Der Belgier de Munck gewann zusammen mit den Franzosen Cohen und Truchi in einer neuen Rekordzeit von 43h27m. Die schnellste Frau war Suzy de Carvalho, die mit ihrer Zeit von 57h2m den alten Rekord gleich um 5 Stunden unterbot.

1979: Die Qualifikation wurde zu einer ganzen Serie, dem sogenannten »Super Randonneur«, bestehend aus Brevets über 200, 300, 400 und 600 km mit entsprechenden Zeitlimits von 13, 20, 27 und 40 Stunden. 1865 Fahrer gingen an den Start, von denen 1573 das Ziel erreichten. Aufgrund der Größe des Teilnehmerfeldes wurden erstmals die Startzeiten aufgeteilt. Es gewannen Baleydier und Piguet in weniger als 45 Stunden. Herman de Munck wurde disqualifiziert, ansonsten wäre er zweifellos mit vorne dabei gewesen.

1983: Das zehnte P–B–P für Randonneure und ein Jahr der Rekorde. 2106 Fahrer aus 15 Nationen gingen an den Start und 1903 kamen ins Ziel. Das bedeutete die höchste Teilnehmerzahl und gleichzeitig die niedrigste Ausfallquote bisher. Zum dritten Mal gewann der Belgier de Munck, dieses Mal gemeinsam mit dem Vorjahressieger Bernard Piguet in neuem »Randonneurs«-Rekord von 43h24m. Die schnellste Frau war die Amerikanerin Sue Notorangelo, die ebenfalls einen neuen Rekord mit 54h40m aufstellte. Der Franzose Pierre Dubois stellte im Alter von 75 Jahren und 4 Monaten einen absoluten Rekord für den ältesten Teilnehmer auf.

1987: Die Teilnehmerzahl stieg erneut auf 2597 Fahrer, von denen 2117 ins Ziel kamen. Es gewann der Amerikaner Scott Dickson in einer Zeit von knapp über 44 Stunden.

1991: Die Jahrhundertausgabe von P–B–P. In diesem Jahr teilten sich auch »Randonneure« und »Audax«-Fahrer wieder die Straße. 3281 Randonneure gingen an den Start, von denen etwa 2500 Paris erreichten. Zum ersten Mal war Saint-Quentin-en-Yvelines im Südwesten von Paris Austragungsort. Dieser war sofort sehr populär. Die hohe Ausfallrate wurde auf die späteren Startzeiten von 20.00 Uhr, 22.00 Uhr und 5.00 Uhr in Verbindung mit einem obligatorischen Prolog[4] am Nachmittag zurückgeführt. Sieger bei den Männern wurde erneut der Amerikaner Scott Dickson. Mit seiner Zeit von 43h42m blieb er nur wenige Minuten über dem »Randonneurs«-Rekord aus dem Jahre 1983.

1995: Das dreizehnte P–B–P für Randonneure. Erstmals seit vielen Jahren nahm die Teilnehmerzahl wieder geringfügig auf 2860 Starter ab. Es gab zwei wesentliche Änderungen der Regeln. Triathlonlenker wurden aus »Sicherheitsgründen« verboten und die Regel, die das Anbringen von Schutzblechen vorschrieb, wurde gestrichen. Außergewöhnlich gute Wetterbedingungen führten dazu, dass eine Gruppe von 9 Fahrern, angeführt vom Amerikaner Scott Dickson, gemeinsam nach 43h20m ins Ziel kam und einen neuen Rekord aufstellte. Der Rekord bei den Frauen wurde geradezu pulverisiert, als Brigitte Kerlouet kurz nach den Siegern bei den Männern in 44h14m das Ziel erreichte!

1999: Was sollte die letzte Ausgabe von »P–B–P Randonneurs« im 20. Jahrhundert für Ergebnisse bringen? Fest stand zunächst nur, dass mit 3689 eingeschriebenen Fahrern aus 23 Nationen ein neuer Teilnehmerrekord erzielt wurde.

---

[4] Auftaktetappe eines Radrennens. Zählt bei P–B–P im Gegensatz zur Tour de France aber nicht zum Gesamtklassement, sondern dient in erster Linie der Präsentation der Fahrer.

Prolog

Meine Qualifikation für das Rennen hatte ich zusammen mit 18 Österreichern, 5 Deutschen, 2 Schweizern, 1 Australier und 1 Italiener in Wien absolviert, da dies für mich wesentlich günstiger zu erreichen war, als die in Hamburg ausgetragene Deutschlandqualifikation. Im Laufe der im Frühjahr ausgetragenen Brevets waren einige aus dieser Gruppe zu einem Freundeskreis zusammengewachsen. Überhaupt ist festzustellen, dass die Gruppe der Ultra-Radmarathonfahrer so etwas wie eine große Familie ist, bei der die gegenseitige Unterstützung und nicht so sehr das Konkurrenzdenken dominiert. Vielleicht wird dieses Zusammengehörigkeitsgefühl dadurch verstärkt, dass wir uns untereinander nicht erklären müssen, warum wir mit dem Fahrrad solch extreme Distanzen bewältigen. Im Alltag treffen wir des Öfteren Menschen, die uns deswegen komisch anschauen oder uns einfach für verrückt erklären. So kam es auch, dass ein großer Teil dieser Teilnehmer das Angebot einer gemeinsamen Hotelbuchung von Klaus Bäumel, dem Organisator der Österreichqualifikation, annahm. Unser Hotel lag in Trappes, einer Teilgemeinde der Agglomeration Saint-Quentin-en-Yvelines, im Südwesten von Paris. Dieses Hotel war knapp 8 km vom Start in der Teilgemeinde Guyancourt entfernt. Für meine Anreise nach Paris wählte ich einen Flug von München, den ich mit einer anschließenden Dienstreise nach Houston verbinden konnte. Durch die Kombination beider Reisen miteinander war ich allerdings gezwungen, sehr viel Gepäck mitzunehmen.

Am Samstag, dem 21. August, landete ich planmäßig um 14.55 Uhr auf dem Flughafen Charles-de-Gaulle in Paris. Nachdem ich meinen Bergsteigerrucksack nach längerem Suchen von einem falsch markierten Transportband aufgelesen hatte, ging ich zur Sperrgepäckausgabe, um mein Fahrrad entgegenzunehmen. Hier bestätigten sich leider mal wieder meine Befürchtungen bezüglich des Fahrradtransports im Flugzeug. *Air France* hatte den Transport in einer Spezialverpackung, die ich besaß, abgelehnt, da diese nicht deren Normmaßen entsprach. Diese Normmaße sehen den Transport mehr oder weniger im Originalzustand vor, mit abgeschraubten Pedalen und eingedrehtem Lenker. Viele Fluglinien verpacken ein so vorbereitetes Fahrrad in einen Spezialkarton. *Air France* sieht dies nicht vor, dementsprechend war es eigentlich nicht verwunderlich, dass der hintere Umwerfer beim Transport einen mächtigen Kratzer abbekommen hatte. Die Schaltung schien aber noch zu funktionieren, sodass ich keine Lust auf eine langwierige Schadensaufnahmeprozedur hatte, die am Ende doch zu nichts führte. Monate später musste ich feststellen, dass bei diesem Transport sogar der Rahmen zwischen Sattelmuffe und rechtem Ausfallende verbogen wurde. Bei meinem 11 Jahre alten Rahmen war dieser Schaden nicht auf den ersten Blick erkennbar gewesen, da er bereits alte Lackschäden hatte.

Ich schnallte mir meine beiden Rücksäcke um und schob mein Fahrrad zum Bahnhofsschalter, um mir eine Fahrkarte nach Trappes zu kaufen. In »Chatellet les Halles« verließ ich die S-Bahn vom Flughafen für den Anschluss zur Station »La Defense«. Am dortigen Informationsschalter fragte ich nach dem richtigen Bahnsteig. Als Antwort wurde mir mitgeteilt, dass ein Fahrradtransport auf U-Bahnlinien generell nicht erlaubt ist. Ich hatte, so bepackt wie ich war, nicht vor, diesem Verbot große Beachtung zu schenken. Als ich schließlich vor dem Eingang zur richtigen U-Bahnlinie stand, sah ich aber, wo das eigentliche Problem lag. Die Pariser U-Bahn hat an allen Stationen Zugangsschleusen, durch die gerade eine Person hindurchpasst. Durch diese Schleusen bekommt man aber nicht so ohne weiteres ein Fahrrad hindurch, da sie neben den mannshohen Schließklappen auch noch über vorausgehende Drehkreuze verfügen. Eine verständnisvolle Beamtin des U-Bahn-Sicherheitspersonals war schließlich so nett, mir einen sonst verschlossenen Seitenzugang zum U-Bahnsystem aufzumachen. Sie hatte wahrscheinlich ein Einsehen mit meiner Situation, weil ich so schwer bepackt war. Jetzt war ich drinnen und darüber, wie ich an der Zielstation wieder herauskäme, wollte ich mir lieber noch gar keine Gedanken machen. Nachdem ich meine beiden Rucksäcke und das Fahrrad über ein Rollband und ein unbeschreibliches Labyrinth von auf- und abwärts führenden Treppen geschleift hatte, war ich endlich am richtigen U-Bahnsteig angelangt. An der Station »La Defense« gelang es mir mit Hilfe eines Passanten, der mir die Schließklappen aufhielt, auch inklusive meines Fahrrades den U-Bahnbereich wieder zu verlassen.

An dieser Station musste ich nun zum SNCF-Bahnsteig wechseln. Ab hier war der Fahrradtransport offensichtlich wieder erlaubt, sichtbar an einer eigens für diesen Zweck eingerichteten Zugangsschleuse. Als ich gerade mein Fahrrad und die Rucksäcke im Eingangsbereich des Vorortzuges nach Trappes verstaute, wurde ich auf einmal in englischer Sprache gefragt, ob ich bei Paris–Brest–Paris mitfahren würde. Ich blickte auf und sah im angrenzenden Abteil eine Gruppe von zwei Männern mittleren Alters und eine junge Frau. Ich bejahte die Frage und machte noch eine Bemerkung über die Schwierigkeiten, mit denen ich seit meiner Ankunft am Flughafen zu kämpfen hatte. Die drei berichteten von ähnlichen Erlebnissen. Neugierig geworden, gesellte ich mich zu dieser Gruppe hinzu. Wir stellten uns gegenseitig vor und ich erfuhr, dass Malcolm Rogers, Jonathan Page und Cassandra »Cassie« Lowe aus Sydney, Australien angereist waren. Bei ihrer Ankunft vor einer Woche hatten sie genauso mit dem Pariser U-Bahnsystem gekämpft wie ich. Im Laufe des weiteren Gesprächs erwähnte ich, dass ich meine Qualifikation für

P–B–P in Wien gefahren war, woraufhin mich Malcolm fragte, ob ich seinen Freund Klaus Bäumel kennen würde. Ich war natürlich zunächst einmal baff, wie klein die Welt sein konnte. Ich versprach Malcolm, Klaus Grüße auszurichten, da ich ihn noch an demselben Abend im Hotel treffen würde. Wie sich in den nächsten Tagen herausstellen sollte, würde die Welt sogar noch viel kleiner werden. Ich sollte auch die drei Australier nicht zum letzten Mal gesehen haben. Eine Station vor Trappes verabschiedeten wir uns, da die drei in einem Hotel in Guyancourt wohnten.

An meiner Endstation angekommen, half mir ein Engländer, der ähnlich bepackt war wie ich, ein letztes Mal durch die ärgerlichen Zugangsschleusen. Er erzählte mir, dass er auch bei P–B–P mitfahren wolle, dass aber sein Fahrrad nicht mit ihm angekommen war. Er sollte es in sein Hotel nachgeliefert bekommen. Nach dem, was ich erlebt hatte, sicher nicht die schlechteste der Varianten.

Ich stand jetzt vor dem Bahnhof in Trappes. Es galt eigentlich nur noch, das Hotel »Premiere Classe« in der Avenue George Politzer ausfindig zu machen. Ich fragte einen wartenden Busfahrer, ob dieses Hotel vielleicht mit einer Buslinie erreichbar wäre. Ich bekam zur Antwort, dass der Transport von Fahrrädern in Bussen nicht erlaubt sei. Auf meine Frage, ob man sich hier ein Taxi nehmen könnte, meinte er, prinzipiell schon, aber die Taxifahrer würden mich mit Fahrrad auch nicht mitnehmen. Vom französischen Transportwesen hatte ich nun endgültig die Nase voll. Ich wollte nur noch wissen, wo denn das Hotel überhaupt liegt. Zumindest die Wegbeschreibung war einfach und es hieß, ich solle der Hauptstraße 4 bis 5 km immer geradeaus folgen. Mein Fahrrad war nach wie vor nicht fahrbereit und ich verspürte keine Lust, die Werkzeugkiste ganz unten aus dem Rucksack herauszukramen. Mit 23 kg auf dem Rücken, 16 kg vor dem Bauch (inklusive Laptop) und einem Fahrrad an der rechten Hand machte ich mich zunächst einmal zu Fuß auf den beschriebenen Weg. Nach etwa einem Kilometer schien es mir doch das kleinere Übel zu sein, das Fahrrad schon fahrfertig zu machen und mit den beiden Rucksäcken auf dem Fahrrad zum Hotel zu fahren. Ich holte die Werkzeugkiste heraus, fixierte den Lenker wieder in der normalen Position und schraubte die Pedale an die Tretkurbeln.

Als ich ungefähr weitere 1½ Kilometer im Schlingerkurs auf dem Fahrrad zurückgelegt hatte und mich gerade darauf konzentrierte, dass der vordere Rucksack mit dem teuren Laptop keinen Abgang über den Lenker machte, hörte ich auf einmal jemanden meinen Namen rufen. Als ich nach rechts blickte, sah ich das Hotel »Premiere Classe«. Davor standen Klaus, Bernd, Margot, Horst, Ferdinand und Edith, die gerade zum Abendessen starten wollten. Bernd Eibisberger war einer der deutschen Teilnehmer aus dem Raum Altötting, der, so wie ich selbst auch, einige Verbindungen nach Österreich pflegt und mit Klaus Bäumel befreundet ist. Er wurde von seiner Frau Margot Haslbeck begleitet, die unter anderem sein Begleitfahrzeug fahren sollte. Horst Stögmüller hatte ich auch während der Qualifikationsbrevets kennen gelernt. Ich hatte in diesem Zusammenhang zweimal die Gelegenheit gehabt, bei ihm in seiner damaligen Studentenwohnung in Wien zu übernachten. Horst war zusammen mit Ferdinand Jung und dessen Frau Edith von Linz angereist. Ferdinand war mir bei den Qualifikationsbrevets besonders durch einen etwas unkonventionellen bzw. ungleichmäßigen Fahrstil aufgefallen. Außerdem machte er manchmal den Eindruck, am oberen Limit zu fahren. Aber dies schien einfach sein persönlicher Stil zu sein. Es hinderte ihn nicht daran, auch extrem lange Strecken sehr gut zu bewältigen. Noch bemerkenswerter an ihm ist die Tatsache, dass er Gelegenheitsraucher ist. Ich traute meinen Augen kaum, als ich ihn beim 600er-Brevet während einer Pause in einem Gasthof erstmals mit Zigarette sah. Das war nach 320 Kilometern.

Wir begrüßten uns mit großem Hallo und ich beschloss, mich ihnen gleich anzuschließen. Ich wollte nur vorher meine Sachen im Hotelzimmer verstauen. Aus Kostengründen teilten sich die meisten Teilnehmer zu zweit ein Zimmer. Da Horst und ich uns schon gut kannten, hatte uns Klaus bei der Hotelbuchung ein gemeinsames Zimmer reserviert. Horst führte mich nun zu diesem Zimmer, dessen Anblick die nächste Überraschung des Tages darstellte. Ein Hotel »Premiere Classe« hatte ich mir etwas anders vorgestellt. Auf einer Fläche von ca. 10 qm drei Betten, eine Dusche mit WC und einen Fernseher unterzubringen, hätte ich allenfalls Japanern zugetraut, nicht aber Westeuropäern. Über dem 1,90 m (für meine Größe) kurzen Doppelbett war ein Hochbett quer an der Wand fixiert. In die verbleibende Ecke war eine Nasszelle integriert, die so klein war, dass man Duschen, Wasser lassen und Zähne putzen theoretisch hätte gleichzeitig erledigen können. Das einzig Positive war der Preis von 159 Francs pro Zimmer, egal ob einfach, zweifach oder gar dreifach belegt. Nachdem ich meine Sachen abgeladen hatte, war durch die beiden Fahrräder auch der letzte kleine Rest von Bewegungsfreiheit verschwunden. Ich hatte aber keine Lust, mich über dieses Hotelzimmer zu ärgern, sondern ging lieber mit der Gruppe zum Abendessen. Dort traf ich auch einen großen Teil der übrigen Fahrer, mit denen ich schon die Qualifikationsbrevets bestritten hatte. Es folgte ein reger Informationsaustausch über unsere Renntaktik und die Organisation des Rennens allgemein.

Am folgenden Tag stand die offizielle Fahrradkontrolle auf dem Programm. Die meisten im österreichischen Team hatten den Termin für diese Kontrolle auf 10.00 Uhr gelegt. Ich dagegen war erst um 16.00 Uhr an der Reihe, da ich bei der Anmeldung noch nicht wusste, ob ich nicht erst am Sonntag anreisen würde. Trotzdem schloss ich mich am Morgen dieser Gruppe an, um den Weg zum Start-/Zielbereich kennen zu lernen und mir einen Überblick über die dortige Infrastruktur zu verschaffen. Danach fuhr ich wieder zum Hotel zurück, um letzte Einstellungen an meinem Fahrrad vorzunehmen. Ich wollte unter anderem eine zu dicke Speiche im Hinterrad austauschen, die ich in den USA in Ermangelung einer genau Passenden als Provisorium eingebaut hatte. Seit dem Einspeichen einer neuen Nabe in mein Hinterrad im letzten Jahr waren mir bereits drei Speichen auf der dem Zahnkranz gegenüberliegenden Seite an der Speichenkopfbiegung gebrochen. Dies deutete auf einen prinzipiellen Einspeichfehler hin, den ich mir bisher aber nicht erklären konnte. Zu meinem Entsetzen entdeckte ich nun beim Auswechseln der provisorischen Speiche, dass zwei weitere Speichen gleicher Lage bereits Risse an der Speichenkopfbiegung zeigten. Diese wechselte ich auch gleich mit aus, sodass seit Neubau des Laufrades nun 6 Speichen gleicher Lage gewechselt werden mussten. Ich diskutierte das Problem mit Hubertus Hohl, mit dem ich während der Qualifikationsbrevets schon viel zusammen gefahren war und der auch aus dem Münchner Raum stammt. Wir waren zweimal zusammen nach Wien angereist. Aus den Gesprächen mit ihm wusste ich, dass er, so wie ich selbst, grundsätzlich alles an seinem Fahrrad selber repariert. Daher hatte er Erfahrung mit dem Einspeichen von Laufrädern, doch auch er konnte keinen prinzipbedingten Fehler an meinem Hinterrad erkennen. Ich hatte nur noch eine Ersatzspeiche übrig, die ich für das Rennen mitnehmen konnte. Ansonsten musste ich hoffen, dass das Laufrad die nächsten 1200 km ohne Speichenbruch überstehen würde.

Anschließend machte ich eine 30 km lange leichte Trainingseinheit, um den technischen Zustand des Rades noch mal zu überprüfen. Danach fuhr ich wieder zum Start-/Zielbereich zur offiziellen Fahrradkontrolle. Dort wurde insbesondere die Beleuchtung des Fahrrades überprüft und das Vorhandensein eines reflektierenden Schulterdreiecks oder etwas Ähnlichem. Jegliches Fahren in der Nacht ohne korrekte Beleuchtung konnte mit Zeitstrafen geahndet werden. Nachdem ich problemlos die Fahrradkontrolle passiert hatte, holte ich mir im »Gymnase des droits de l'homme« die Startunterlagen ab. Neben der Kontrollkarte, die an jeder Kontrollstelle abgestempelt und mit Uhrzeit versehen wurde, gab es noch eine Magnetkarte, die an jeder Station durch ein Lesegerät gezogen wurde. Damit konnte die aktuelle Position der Fahrer elektronisch erfasst werden. Diese Daten wurden in das französische *Minitel*-Netz (frz. Äquivalent zum ehemaligen BTX-System in Deutschland) eingespeist, wodurch sich die französische Öffentlichkeit jederzeit über den Rennverlauf informieren konnte. Als Anerkennung für die bereits gefahrenen

Brevets über 200, 300, 400 und 600 km wurde allen Teilnehmern eine Medaille vom Audax Club Parisien »Super Randonneur 1999« überreicht. Schließlich bestätigte ich mit meiner Unterschrift den Erhalt der Unterlagen und die Akzeptanz der allgemeinen Regeln des Rennens.

Nach der Fahrradkontrolle am »Gymnase des droits de l'homme«.

Am Montagmorgen um 9.00 Uhr stand als nächster offizieller Punkt der Prolog über 30 km auf dem Programm, der die Teilnehmer durch alle Gemeinden von Saint-Quentin-en-Yvelines führen sollte. Der Veranstalter bat um eine möglichst zahlreiche Teilnahme. Er konnte immerhin den vierfachen Formel-1-Champion Alain Prost zur Eröffnung dieses Prologes gewinnen. Das Interessanteste an diesem Prolog war für mich, einen Überblick über den Teilnehmerkreis zu bekommen, von dem ich mir bis dahin etwas falsche Vorstellungen gemacht hatte. Unsere österreichisch-deutsch-schweizer Gruppe bestand mit ganz wenigen Ausnahmen aus mehr oder weniger ambitionierten Rennradfahrern, die eigentlich alle deutlich unter dem Zeitlimit von 90 Stunden bleiben wollten. Mit zwei Tandems bestanden sogar berechtigte Siegchancen in dieser Kategorie. Beim Prolog stellte ich jedoch fest, dass sogar der überwiegende Teil der Teilnehmer aus relativ schwer bepackten Radwanderern bestand. Sehr viele hatten hinten einen Gepäckträger für ihre Packtasche montiert. Die meisten benutzten Tourenräder mit einem dreifachen Kettenblatt vorne und 7–9fach Kranz hinten, sodass die Schaltung mit der von Mountain-Bikes vergleichbar war und auch sehr leichte Berggänge bot. Teilweise sah ich aber auch Fahrräder, die ich eher im Museum erwartet hätte als bei einem Radmarathon dieser Größenordnung. Ein dänischer Teilnehmer, den ich auf 70 Jahre schätzte, fuhr auf einem Fahrrad, das wohl nicht wesentlich jünger als er selbst war und noch nicht einmal über eine Gangschaltung verfügte. Überhaupt war der Altersdurchschnitt der Teilnehmer deutlich höher, als ich dies erwartet hätte. Ich konnte mich mit meinen knapp 33 Jahren zu der jungen Kategorie hinzuzählen. Später erfuhr ich, dass der Altersdurchschnitt der Teilnehmer bei schier unglaublichen 48 Jahren lag. 351 Teilnehmer waren über 60 Jahre alt und 9 Teilnehmer sogar über 70 Jahre. Der Älteste war der Belgier Eugèen Jacobs, der das Rennen mit seinen 75 Jahren in sensationellen 76h37m beenden sollte. Wenn man genauer darüber nachdenkt, ist dieser hohe Altersdurchschnitt aber doch nicht so erstaunlich. Die Gründe hierfür sind sicherlich sowohl physischer als auch psychischer Natur. Rein körperlich betrachtet braucht man mehrere Jahre, um sich eine fundierte Ausdauerkondition zu erarbeiten. Bei den Radprofis zeigt sich dies zum Beispiel daran, dass die Spitzenfahrer in der Regel mindestens 25 Jahre alt sind und bis nahe an die 40 Jahre noch in der absoluten Spitze mitfahren können. Im Extremradsport verschiebt sich diese Grenze sogar noch weiter nach oben. In der Regel sind dort die Spitzenfahrer über 30 Jahre alt. Je länger eine Ausdauerleistung ist, desto langsamer nimmt die körperliche Leistungsfähigkeit mit zunehmenden Alter ab. Auf der anderen Seite spielen bei den Ultradistanzen die psychologischen Faktoren eine immer größere Rolle. Ausdauerleistungen dieser Größenordnung erfordern mit Sicherheit ein sehr großes Maß an Reife, Erfahrung und vor allem Durchhaltewillen und Leidensfähigkeit. Jungen Fahrern fehlen wohl oft noch diese mentalen Voraussetzungen. Der Ausdauer- bzw. Ultra-Ausdauerbereich ist daher optimal für ältere Sportler geeignet.

Eine kleine Kuriosität am Rande war die Tatsache, dass ich in diesem Prolog als Deutscher der einzige Vertreter der österreichischen Farben war. Alle anderen hatten es vorgezogen, auszuschlafen oder einen Ausflug nach Versailles zu unternehmen. Ich hatte mir von Klaus kurzfristig noch eine doppelte Garnitur der sehr preiswerten österreichischen Trikots und Hosen gekauft. Diese Garnitur stellte ein schönes Andenken an diese Veranstaltung dar und unterstrich die Zusammengehörigkeit unserer Gruppe. Nach dem Prolog entschied ich mich aber, für das eigentliche Rennen zunächst meine eigene Garnitur zu tragen, da diese qualitativ noch etwas hochwertiger war.

Nach dem Prolog im österreichischen Trikot.

Den Rest des Tages verbrachte ich unter anderem damit, meine Ausrüstung zusammenzutragen und die optimale Unterbringung am Fahrrad auszutüfteln. Da für mich bezüglich Ausrüstung das Minimalprinzip galt und ich zudem über kein eigenes Begleitfahrzeug verfügte, war ich mit meinen Unterbringungsmöglichkeiten voll am Anschlag. Wichtigster Stauraum war eine 9-Liter-Rahmentasche, die einen günstigen Schwerpunkt aufwies und die sich schon beim 600er-Brevet sehr gut bewährt hatte.

Grundlage meiner Ernährung sollten speziell für Ausdauersportler entwickelte Kraftriegel sein, von denen ich 40 Stück mitnahm. Ich nahm mir vor, streng nach Kilometerzähler, alle 30 km einen davon zu essen. Als zweiten Teil meiner Ernährung hatte ich mir aus den USA 24 Dosen mit ausgewogener Flüssignahrung (auch bekannt als Astronautennahrung) mitgebracht. Diese umwickelte ich mit dickem Papier und machte daraus Päckchen von jeweils 4 Dosen. Diese Päckchen versah ich dann mit meinem Namen und meiner Startnummer. Margot, die das Begleitfahrzeug von Bernd steuerte, war so nett, mir den Transport an die Kontrollstellen anzubieten. Sie sollte an jeder Kontrollstelle auf dem Weg nach Brest eines dieser Päckchen deponieren, sodass ich auf Hin- und Rückweg jeweils eine Dose sofort trinken konnte und eine noch für die Hälfte der Teiletappe mitnehmen konnte. Ich kalkulierte mit ein, noch fehlende Kalorien durch warme Mahlzeiten an den Kontrollstellen zu mir zu nehmen. Im Prinzip wollte ich aber den Zeitverlust durch Essensaufnahme minimieren. Bezüglich der Getränkeversorgung hatte ich im Vorfeld gehört, dass diese an den Kontrollstellen eher bescheiden sei und dass teilweise nur Wasser angeboten würde. Aufgeschreckt durch diese Nachricht gab ich Margot noch eine angebrochene Dose mit isotonischem Getränkepulver mit. Ob und wie oft ich diese an den Kontrollstellen wiedersehen würde, hing natürlich davon ab, inwieweit Bernd und ich das gleiche Tempo fahren würden. Aber es war in jedem Falle besser den Transport zu versuchen, als die Dose einfach nur im Hotelzimmer liegen zu lassen. Damit waren die Vorbereitungen für das Rennen soweit abgeschlossen und die Nervosität vor dem Start nahm langsam zu.

Start

Wegen der Größe des Teilnehmerfeldes wurden vom Veranstalter drei verschiedene Startzeiten angeboten. Sinn dieser unterschiedlichen Startzeiten war, neben der Entzerrung des Teilnehmerfeldes, auch die Möglichkeit einer individuellen Tag-Nacht-Aufteilung zu bieten. Gleichzeitig wurden die Fahrer grob nach Leistungsstärke und Zielsetzung aufgeteilt, indem für die einzelnen Startzeiten unterschiedliche Zeitbegrenzungen vorgegeben wurden. Die erste Gruppe der Einzelfahrer startete am 23.8. um 20.00 Uhr mit einem Zeitlimit von 80 Stunden. In dieser Gruppe befanden sich unter anderem auch die meisten Spitzenfahrer und Sieganwärter. Die mit Abstand größte Gruppe startete am 23.8. um 22.00 Uhr mit einem Zeitlimit von 90 Stunden. Den meisten Fahrern dieser Gruppe ging es schlicht und einfach darum, innerhalb des Zeitlimits wieder in Paris zu sein. Schließlich gab es noch die Möglichkeit, am 24.8. um 5.00 Uhr mit einem Zeitlimit von 84 Stunden zu starten. Der größte Teil der Fahrer dieser Gruppe lässt sich vielleicht folgendermaßen charakterisieren: Es waren die ambitionierten Hobby-Radrennfahrer, die, teilweise auch schon mit Unterstützung durch ein Begleitfahrzeug, eine möglichst schnelle Zeit in der Größenordnung von 55–75 Stunden fahren wollten.

Zwei aus unserer Gruppe, Michael Pichler aus Graz und Bruno Heer aus Winterthur in der Schweiz, waren in der ersten Startgruppe um 20.00 Uhr. Wir verabschiedeten sie am frühen Abend und wünschten ihnen alles Gute für das Rennen. Der größte Teil der Gruppe würde erst am nächsten Morgen um 5.00 Uhr starten. Wir fuhren daher am frühen Abend noch einmal zu einer gemeinsamen »Henkersmahlzeit« nach Guyancourt. Um 20.30 Uhr waren wir wieder im Hotel. Nachdem Horst und ich unsere Sachen für den nächsten Morgen zurechtgelegt hatten und ich den Wecker meiner Armbanduhr auf 3.15 Uhr eingestellt hatte, versuchten wir ab 21.00 Uhr zu schlafen. Horst gelang dies gegen später einigermaßen, ich dagegen konnte in dieser kurzen Nacht nicht schlafen. Neben der Nervosität hatte sicher auch das Hotelzimmer zur mangelhaften Nachtruhe beigetragen. Ein bisschen war es ein generelles Problem von mir, in ungewohnter Umgebung zu schlafen. Ich hatte schon die erste Nacht von Samstag auf Sonntag Schlafprobleme und die Nacht von Sonntag auf Montag war auch nicht gerade durch richtiges Ausschlafen gekennzeichnet. So etwas hatte ich fast befürchtet. Ich war die Tage zuvor unsicher geworden, ob es die richtige Entscheidung war, die 5.00 Uhr-Startgruppe zu wählen, anstelle der um 20.00 Uhr. Hauptargument für die 5.00 Uhr-Startzeit war die Tatsache, dass ich bei meiner erwarteten Gesamtzeit in der Größenordnung von 55 Stunden nur zwei anstelle von drei Nächten durchstehen müsste. Als nach langem Hin- und Herwälzen und zweimaligem Auf-die-Toilette-gehen endlich um 3.15 Uhr der Wecker piepste, fragte ich mich, ob überhaupt noch eine realistische Chance bestand, die kommenden beiden Nächte ohne Schlaf auszukommen und durchzufahren. Ich hing diesen Gedanken aber nicht weiter nach, da wir uns beeilen mussten. Um 3.45 Uhr wollten wir gemeinsam mit der Gruppe die 7½ km zum Start am »Gymnase des droits de l'homme« fahren. Während ich mir die Radfahrsachen anzog, stopfte ich mir ein kleines Schinkenbaguette, 1 Banane und 2 Kraftriegel in den Mund und spülte das Ganze mit einer großen Flasche Flüssignahrung herunter, sodass ich mit gut 1800 KCal im Magen an den Start gehen konnte.

Im Startbereich war bereits einiges los. Nachdem wir unsere Räder auf dem Sportplatz abgestellt hatten, gingen wir zu den Rennkommissaren, um uns den ersten Stempel in unsere Kontrollkarten abzuholen und die Magnetkarten erfassen zu lassen. Jetzt konnte es im Prinzip losgehen. Wir mussten »nur noch« auf den Startschuss in etwa 30 Minuten warten. Diese Minuten waren natürlich geprägt von großer Nervosität, die man bei fast allen Teilnehmern spürte. Auch für die P–B–P-Veteranen war jede Teilnahme aufs Neue wieder eine Herausforderung. Ich verspürte keine Angst, aber großen Respekt vor dieser Distanz. Das nötige Selbstvertrauen hatte ich mir beim Brevet über 600 km Anfang Juni geholt, das für mich hervorragend gelaufen war. Die optimale körperliche Vorbereitung ist Grundvoraussetzung für dieses Rennen. Ein wesentlicher Schlüssel zum Erfolg ist aber das, was sich im Kopf abspielt. Man muss von der ersten Minute an davon überzeugt sein, dass man es schaffen kann. Mir ging es aber nicht nur darum, innerhalb meines Zeitlimits von 84 Stunden ins Ziel zu kommen, daran hatte ich überhaupt keinen Zweifel, sondern ich hatte mir ein individuelles, sehr ehrgeiziges sportliches Ziel gesetzt. Ich wollte bereits nach 55 Stunden zurück in Paris sein. Die Grundlage für diese Zielsetzung waren die Zeiten, die ich im Juli und Anfang August auf meinen langen Trainingseinheiten über jeweils 250 Kilometer erzielt hatte. Problem war aber, dass ich diese Zeiten unter vollkommen anderen Bedingungen gefahren war. Durch einen berufsbedingten Aufenthalt in Texas hatte ich den größten Teil meines Trainings in der Umgebung von Houston absolviert. Besondere Erschwernisse waren dort die extreme Hitze und die gleichzeitig hohe Luftfeuchtigkeit. Das Streckenprofil war dagegen viel leichter. Steigungen gab es nur auf Brücken, die ab und zu eine Schnellstraße oder einen Fluss überquerten.
Wie konnte ich das auf die hiesigen Verhältnisse übertragen? Inwieweit waren solche Hochrechnungen überhaupt möglich und sinnvoll? Welchen Einfluss würde der Schlafentzug während der zweiten Nachtfahrt haben, mit dem ich noch gar keine Erfahrungen hatte? Es gab einfach zu viele Fragen, die ich nicht beantworten konnte. Ich hatte daher diese Zielsetzung den anderen

gegenüber nicht laut formuliert, da ich mir selber meiner Sache nicht sicher genug war. Trotzdem war ich fest entschlossen, diese Zeit anzustreben.

Ein Teil unserer Gruppe kurz vor dem Start (v.l.n.r.: Jörg Beyreuther, Reinhard Schröder, Hubertus Hohl, Franz Schulcsik, Bernd Eibisberger, Klaus Bäumel).

Ich versuchte mich auf die letzten Vorbereitungen an meinem Fahrrad zu konzentrieren, um die Nervosität etwas zu unterdrücken. Margot konnte mir mit einem Riemen aushelfen, da an meiner Rahmentasche der Reißverschluss etwas ausgerissen war. Ich hatte die Tasche offensichtlich etwas zu voll gepackt. Dieser Riemen sollte einem weiteren Einreißen zuvorkommen. Auf einmal machte sich bei mir die Verdauung bemerkbar, was mir sehr gelegen kam. Somit konnte ich »mein Geschäft« noch vorher erledigen. Wenn ich aber nicht in weiser Voraussicht selber Klopapier dabei gehabt hätte, wäre der Besuch eines der bereitgestellten Dixi-Häuschens nicht erfolgreich gewesen.

Als ich wieder bei meinem Fahrrad war, hatte die Startaufstellung bereits begonnen und ich sah zu, dass ich mich zu den anderen aus meiner Gruppe vorarbeitete. Insgesamt gingen zu diesem Zeitpunkt noch 506 Fahrer an den Start, nachdem um 20.00 Uhr des Vortages bereits 781 Fahrer gestartet waren und seit 22.00 Uhr des Vortages auch die größte Gruppe mit 2286 Fahrern schon unterwegs war. Von den 3689 eingeschriebenen Fahrern gingen somit tatsächlich 3573 an den Start. Um 5.01 Uhr erfolgte der Startschuss und während sich der Tross langsam in Bewegung setzte, startete ich an meinem Fahrradcomputer den Aufzeichnungsmodus. Dieses Gerät sollte es mir später erlauben, alle relevanten Daten computergestützt auszuwerten. Eine der wichtigsten Funktionen war die Kontrolle der Herzfrequenz, um zu langes Fahren im »roten Bereich« zu verhindern. Ich stellte das Gerät auf die Anzeige der Herzfrequenz und der Uhrzeit ein. Mit Kilometerleistung und Geschwindigkeit brauchte man sich so schnell noch nicht zu befassen.

Erste Etappe: Paris–Mortagne au Perche

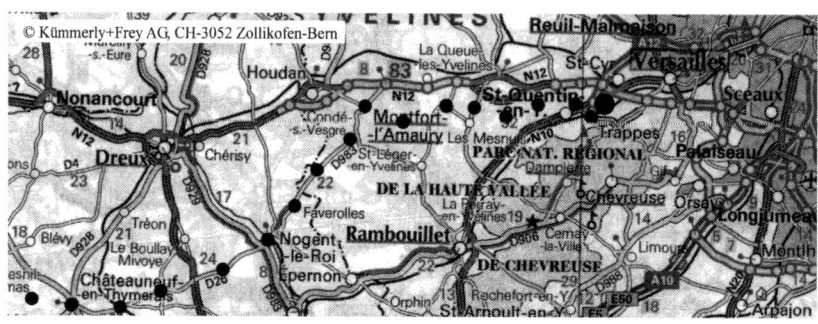

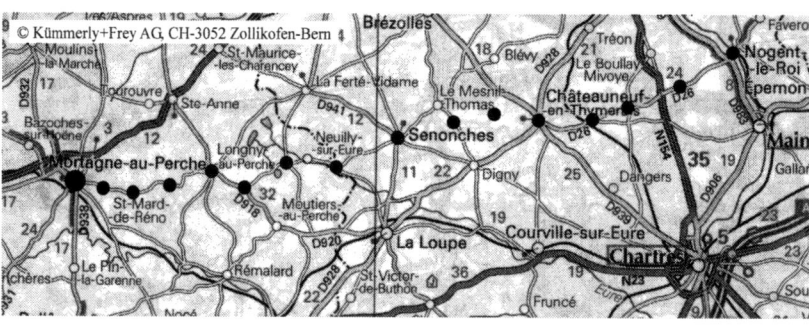

Das große Starterfeld zerfiel relativ schnell in drei oder vier große Gruppen. Ich befand mich zunächst in der dritten dieser Gruppen, da ich bei der Startaufstellung relativ weit hinten stand. In einem Verband von ca. 150 Fahrern ging es zunächst durch die Teilgemeinden von Saint-Quentin-en-Yvelines, auf gleicher Strecke wie tags zuvor beim Prolog. An den großen Kreisverkehren standen Ordner oder Polizisten, um dem Radfahrerpulk den Weg zu weisen. Nach gut 11 km, immer noch im Stadtbereich von Saint-Quentin-en-Yvelines, muss aber entweder der vorderste Fahrer oder der wegweisende Polizist geschlafen haben. Jedenfalls nahm die ganze Meute eine falsche Abzweigung und merkte das erst etwa 800 m später, nachdem man eine Passantin an einer Bushaltestelle nach vorausfahrenden Radfahrern gefragt hatte. Für unseren etwa 200 Fahrer starken Pulk galt somit zunächst einmal: »Die Ersten werden die Letzten sein.« Als wir wieder an der richtigen Abzweigung waren, fädelte sich unser Pulk in die immer noch nachströmenden Fahrergruppen ein. Das Ganze war mir eine Lehre, nicht blindlings den Vorderleuten zu folgen. Ich zog vorsorglich schon mal den Zettel mit der Wegbeschreibung aus meiner Rahmentasche und steckte ihn griffbereit in eine der Trikottaschen. Nachdem wir das Stadtgebiet verlassen hatten, war der Hinweg nach Brest nur noch mit roten Pfeilen mit reflektierenden Spitzen markiert. Der Rückweg, auf weitestgehend identischer Strecke, sollte mit weißen Pfeilen markiert sein. Um diese Pfeile nachts schnell zu erkennen bzw. nach ihnen suchen zu können, führte ich eine Stirnlampe mit mir. Ich hatte diese aber bewusst noch nicht auf den Helm aufgezogen, da bereits in 1½ Stunden die Dämmerung beginnen würde. Am Anfang waren noch große Gruppen von Fahrern unterwegs, die die Orientierung erleichterten. Dadurch sparte ich mir einen Stopp zum Abnehmen und Verstauen der Lampe. Außerdem wollte ich die Stirnlampe wegen des hohen Gewichts der Batterie nicht länger als notwendig auf dem Helm tragen.

Nach gut 30 km war ich immer noch mit Klaus, Bernd und Franz in einer Gruppe unterwegs. Franz Schulcsik aus Wien war ebenfalls ein erfahrener Langstreckenfahrer, der unter anderem Rennen wie Trondheim–Oslo und Boston–Montreal–Boston gefahren war. Wir machten ziemlich Tempo und hatten uns nach dem unfreiwilligen Umweg zu Anfang schon wieder etwas weiter nach vorne gearbeitet. Nach einer Abfahrt durch ein Waldstück tauchte vor uns, bei Kilometer 36, aus dem Dunkeln die kleine Ortschaft Gambaiseuil auf. Wir hatten noch knapp 40 km/h drauf, als wir plötzlich von einer mit Kopfstein gepflasterten Bodenwelle heftigst durchgeschüttelt wurden. Ich machte mir sofort Sorgen um meine Alutrinkflasche in der Rahmenhalterung und befürchtete den Abgang der noch randvollen ¾-Literflasche. Sie blieb jedoch im Halter fixiert. Dafür hatte es aber meinen doppelten Trinkflaschenhalter hinten am Sattel etwas nach unten verdreht. Ich machte an der nächsten Ecke einen 30-Sekunden-Stopp, um den Halter inklusive der beiden vollen ¾-Literflaschen wieder in die richtige Lage zu drehen. Auch Franz, Klaus und Bernd hielten an. Franz hatte weniger Glück gehabt, denn sein Trinkflaschenhalter hing nur noch lose vom Sattel herunter. Er riss ihn komplett weg und versorgte mit Hilfe von Klaus und Bernd die Trinkflaschen notdürftig. Sie brauchten etwas länger als ich, sodass ich zunächst alleine weiterfuhr. Es ging weiter im Dunkeln durch ein Waldgebiet und ich überholte Zug um Zug weitere Fahrer vor mir. Nach der Ortschaft Condé sur Vesgre fing es an zu dämmern und das Gelände wurde offener, blieb aber weiterhin hügelig. Die hügelige Landschaft sollte sich prinzipiell auch bis Brest nicht ändern. Obwohl der höchste Punkt am Roc Trévezel kurz vor Brest auf gerade mal 349 Meter Meereshöhe liegt, bringt es die gesamte Strecke hin und zurück auf stolze 10.000 Höhenmeter. Kleinvieh macht eben auch Mist. Nach etwa 45 km kamen Klaus, Bernd und Franz von hinten und mit ihnen auch Horst und Ferdinand, sowie einige weitere Fahrer, die sich dieser Gruppe angeschlossen hatten. Ich freute mich, sie wiederzusehen und mich wieder einer Gruppe anschließen zu können. Wir wechselten uns mit der Führungsarbeit regelmäßig ab und machten in der großen Gruppe weiterhin ein Durchschnittstempo von knapp über 30 km/h.

Etwa bei Kilometer 60, kurz vor Faverolles, tauchte plötzlich von hinten ein Fahrer mit einem außergewöhnlichen *TitanFlex*[5]-Fahrrad auf. Das Besondere an diesem Fahrrad war, dass der Rahmen quasi kein Sattelrohr hatte. Der Sattel bzw. die Sattelstütze wurde von einem in der Länge variablen Querrohr getragen, das wiederum in der extrem kompakten Rahmenkonstruktion fixiert war. Als weitere Auffälligkeit trug dieser Fahrer offensichtlich für ihn speziell angefertigte, offene Radschuhe und war ansonsten ausgerüstet wie für eine kurze Sonntagnachmittagsfahrt, aber nicht wie für einen 1200 km langen Ultraradmarathon. Klaus schien ihn zu kennen, denn er fuhr zu ihm vor und reichte ihm zur Begrüßung die Hand. Während sie ein paar Worte wechselten wurde mir klar, dass ich diesen Fahrer auch schon mal gesehen hatte. Es handelte sich um den Australier Gerry Tatrai, achtfacher Teilnehmer und zweifacher Sieger im härtesten Radrennen der Welt, dem Race Across America (RAAM).

Nach einer Beurteilung der amerikanischen Zeitschrift »Outside« aus dem Jahre 1993 ist RAAM sogar der härteste sportliche Wettbewerb überhaupt auf der Welt. In diesem Rennen werden die Vereinigten Staaten von Amerika von West nach Ost durchquert. Die Spitzenfahrer benötigen für die knapp 5000 Kilometer 8–9 Tage und schlafen dabei im Schnitt 1½–2 Stunden pro Tag. In diesem Jahr war er bei RAAM Dritter geworden, nachdem er viel Pech mit einem Sturz gehabt hatte. Zuvor war er noch um den Sieg mitgefahren. Nun machte er dasselbe, was er schon 1991 als erster Fahrer überhaupt gemacht hatte, nämlich drei Wochen nach der Durchquerung Nordamerikas mit dem Fahrrad noch Paris–Brest–Paris zu fahren. Damals gewann er sogar noch ein 24-Stundenrennen mit 811 km zwischen diesen beiden Ereignissen! Im ersten Moment konnte ich es gar nicht fassen, dass der vielleicht beste Ultradistanzradfahrer der Welt, den ich so sehr verehrte und bewunderte, nun mit mir in ein und demselben Rennen fuhr. Ich dachte, das Ganze müsste ein Traum sein. Auch wenn die besten Radfahrer auf den Ultradistanzen nicht annähernd die Popularität eines Jan Ullrich oder Erik Zabel haben, ich fühlte mich in diesem Moment wie ein kleiner Schulbub, der gerade seinem größten Idol begegnet war. Kurze Zeit später zog Gerry alleine davon und ich meinte zu Klaus, an ihn sollte man sich wohl besser nicht anhängen.

Bei Kilometer 65 fuhr unsere Gruppe auf einer sehr ruppigen Abfahrt in die Stadt Nogent le Roi hinein. Die Straße war so schlecht, dass es mir meine kleine Luftpumpe aus der Halterung schleuderte und ich zu einem weiteren

---

[5] Siehe auch Kapitel »Der TitanFlex-Rahmen« im Anhang.

30-Sekunden-Stopp gezwungen wurde, um sie wieder einzusammeln. Meine Rahmentasche versperrte mir die Möglichkeit, eine große Luftpumpe in den Rahmen zu klemmen. Daher hatte ich mich für eine Variante entschieden, bei der eine Minipumpe mit einer Klemme seitlich neben den Flaschenhalter in den Rahmen geschraubt wurde. Durch diesen Stopp hatte ich den Anschluss an die Gruppe verloren und ich versuchte, ihn sofort wiederherzustellen. Nach dem Ortsende von Nogent le Roi sah ich die Gruppe etwa 200–300 m vor mir. Ich musste deutlich mehr Kraft aufwenden als zuvor, da ich nun alleine im Wind stand. Nach etwa 5 Minuten hatte sich der Abstand immer noch nicht spürbar verringert. Ich musste aber feststellen, dass ich mit Puls 180 mittlerweile in meinem »roten Bereich« fuhr. Schneller durfte ich auf keinen Fall fahren, sonst würde ich meine Kraftreserven zu schnell verpulvern. Es kam jetzt etwas Verzweiflung in mir hoch. Sollte ich so früh schon den Anschluss an die anderen aus meiner Gruppe verlieren?

Nach weiteren 2 Minuten sah ich endlich ein, dass der Versuch, die Gruppe alleine einholen zu wollen, sinnlos und für meine weitere Leistungsfähigkeit sogar gefährlich war. Trotzdem fuhr ich die nächsten Minuten immer noch in einem recht hohen Pulsbereich und überholte den ein oder anderen Einzelfahrer. Ich kämpfte nicht nur alleine gegen den Wind, sondern auch gegen meine Enttäuschung, denn ich musste zusehen, wie meine Gruppe nun immer weiter am Horizont entschwand. Nach einigen weiteren Kilometern, auf denen ich mir schon ausmalte, wie groß wohl mein Rückstand bis zur ersten Verpflegungsstation sein würde, bemerkte ich auf einmal einige Fahrer hinter mir. Kurze Zeit hielten sie sich noch an meinem Hinterrad, dann zogen drei Fahrer langsam an mir vorbei. Es waren drei Amerikaner aus Seattle, was ich unmittelbar auf ihren Trikots ablesen konnte. Ich blickte mich um und sah einige weitere Fahrer, unter anderem einen Kanadier, der zuvor in meiner alten Gruppe gewesen war und offensichtlich ebenfalls einen kurzen Halt gehabt hatte. In dieser Zusammensetzung waren wir nun wieder eine schlagkräftige Truppe und es wurde ordentlich Tempo gemacht, indem wir uns kontinuierlich mit der Führungsarbeit abwechselten. Dies zeigte mir, wie unsinnig mein Versuch gewesen war, alleine zu meiner alten Gruppe aufschließen zu wollen. Es waren noch genug schnelle Fahrer bzw. Gruppen von Fahrern hinter mir. Ich ermahnte mich selber, nicht noch einmal so einen Fehler zu machen. Er war auf die Anfangsnervosität zurückzuführen und auf meine Unerfahrenheit in diesem Rennen. In der folgenden knappen Stunde kamen wir sehr gut voran und meine zwischenzeitliche Enttäuschung wich wieder einer sehr zuversichtlichen Stimmung.

Bei Kilometer 106, direkt in der Ortschaft Senonches, ernteten wir die Früchte unserer Tempoarbeit, denn ich erblickte plötzlich die Gruppe mit meinen Kameraden vor mir. Das machte mich fast ein wenig euphorisch und ich setzte zu einem kleinen Zwischenspurt an, um dieses Loch nun zuzufahren. Dabei hängte ich zwischenzeitlich sogar meine bisherige Gruppe ab. Diese schloss aber kurze Zeit später auf, sodass wir uns zu einem richtigen Fahrerpulk vereinigten. Meinen Kameraden berichtete ich unterdessen von meinem Missgeschick mit der Luftpumpe und dem verzweifelten Versuch, wieder aufzuschließen. In der Folgezeit kamen wir in diesem großen Fahrerpulk nun noch effektiver voran und es wurde weiterhin konsequent Tempo gebolzt nach dem Motto: »Was man hat, das hat man.«

Bei Kilometer 130 tauchte vor uns plötzlich wieder Gerry Tatrai auf, der sich, nachdem er von der Gruppe geschluckt worden war, auch unserem Tempo anschloss. Ihn in diesem Rennen noch einmal zu treffen, damit hatte ich absolut nicht gerechnet. Es stieg wieder die Aufregung in mir hoch, sah es doch so aus, als sollten wir ein längeres Stück gemeinsam fahren. Plötzlich kam mir der Gedanke, dass ich diese Chance nicht ungenutzt verstreichen lassen sollte. Ich war so sehr von RAAM fasziniert, dass ich seit längerer Zeit alle Informationen, die ich darüber bekommen konnte, förmlich aufsaugte. Nun bot sich mir die Chance, mit einem zweifachen Sieger dieses Rennens zu sprechen. Ich nahm meinen ganzen Mut zusammen, fuhr an seine Seite, stellte mich vor und gratulierte ihm zunächst zu seinem dritten Platz beim diesjährigen RAAM. Gerry schien sich darüber zu freuen und seine Art auf mich einzugehen, war mir sofort sympathisch. Im weiteren Verlauf entwickelte sich ein längeres und für mich hochinteressantes Gespräch, bei dem wir über viele Einzelheiten dieses Rennens sprachen. Ich erzählte ihm, dass es mein Traum sei, auch eines Tages mal RAAM zu fahren. Er meinte, dass für ihn dieses Rennen auch mal als Traum angefangen hat und dass ich an meinem Ziel festhalten sollte. Ich bot ihm an, dass er mich jederzeit kontaktieren könnte, falls er mal wieder eine neue Begleitcrew für RAAM aufstellen müsste und wir tauschten unsere E-Mail-Adressen aus. Einige Zeit nach dem Rennen griff ich diesen Kontakt noch mal auf und bekräftigte mein Angebot. Als Gerry mir daraufhin zusagte, mich in seine Begleitcrew aufzunehmen, war das für mich ein Gefühl wie Weihnachten und Ostern zusammen.

Eine nette Geschichte am Rande waren die Umstände von Gerrys Teilnahme bei Paris–Brest–Paris. Er erzählte mir, dass er erst am Abend vor dem Start mit dem Flugzeug angekommen war, dass aber mit Ausnahme seines Fahrrades sein gesamtes Gepäck unterwegs steckengeblieben war. Er hatte sich daraufhin am Stand einer Ausrüsterfirma, die Sponsor des Rennens war, notdürftig mit dem Nötigsten versorgt, was auch seine spartanische Ausrüstung erklärte. Er hatte sich erst ganz kurzfristig zu einer Teilnahme entschlossen. Sein Originalkommentar dazu war: »This is just too much fun to miss it!

(Dies macht einfach zu viel Spaß, um es zu versäumen!)« Nur drei Wochen nach RAAM dieses Rennen mit vollem sportlichem Ehrgeiz anzugehen, wäre ohnehin nicht unbedingt ratsam gewesen. Die Regeneration des Körpers nach einer solch extremen Belastung dauert mehrere Wochen, wenn nicht Monate. Die Leistungsfähigkeit eines Athleten sackt danach in der Regel deutlich ab. Im Grunde war es erstaunlich genug, dass er sich 1200 km, zum Spaß, bereits so kurz danach zumuten wollte. Dass er überhaupt teilnehmen konnte, hatte er seinem Status als zweifacher RAAM-Sieger zu verdanken, denn die Qualifikationsbrevets war er nicht mitgefahren, sondern hatte vom Veranstalter eine Sondergenehmigung bekommen. So gab es für ihn wenigstens einen kleinen Vorteil, den er aus seinem Status ziehen konnte. Denn finanziell brachte der Sieg bei RAAM keine müde Mark ein, wie mir Gerry berichtet hatte. Eigentlich grotesk, wenn man die dort erbrachten Leistungen in Relation zu anderen Sportarten und deren Verdienstmöglichkeiten setzt.

Bei Kilometer 148 wunderte ich mich, dass wir immer noch nicht an der Verpflegungsstation in Mortagne au Perche angekommen waren, da diese laut Plan bereits nach 141 Kilometern hätte erreicht werden sollen. Unser kleiner Umweg ganz am Anfang hatte nur knapp 2 Kilometer ausgemacht und konnte diese Diskrepanz nicht erklären. Mir ging mittlerweile mein Getränkevorrat langsam zur Neige und ich fragte Bernd, der mittlerweile neben mir fuhr, was denn sein Kilometerzähler anzeigte. Er bestätigte meine Messung bis auf wenige hundert Meter. Als wir Mortagne au Perche endlich bei Kilometer 152 erreichten, kam der Verdacht auf, dass die offiziellen Angaben wohl prinzipiell nicht stimmten. Im weiteren Verlauf der Strecke sollte diese Diskrepanz immer größer werden und sich zu über 40 zusätzlichen Kilometern aufsummieren – dies ohne Berücksichtigung der unfreiwilligen Umwege. Später erfuhren wir bei der Siegerehrung den Grund für diese Abweichung. Aus Sicherheitsgründen hatte die Polizei noch einige Vorgaben für Änderungen von Streckenabschnitten gemacht, die nicht mehr in den offiziellen Streckenplan aufgenommen werden konnten. Trotzdem empfanden wir es alle als ärgerlich, nicht rechtzeitig vom Veranstalter darüber informiert worden zu sein.

Zweite Etappe: Mortagne au Perche–Villaines la Juhel

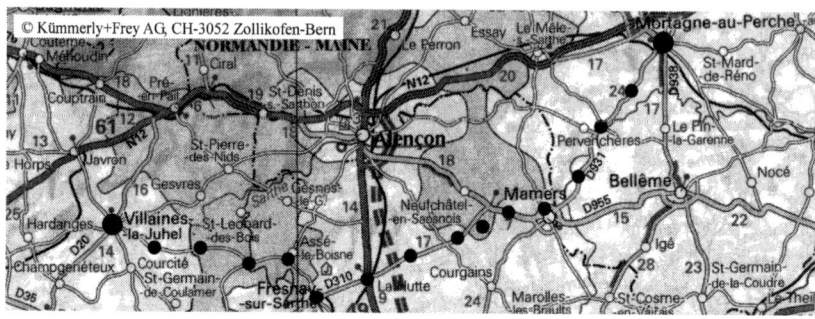

An der Verpflegungsstelle trat ein weiteres Ärgernis zu Tage, mit dem ich schon gerechnet hatte. Tatsächlich sollte die Getränkeversorgung der Radfahrer nur mit Wasser erfolgen. Auf meine explizite Nachfrage, ob nicht auch etwas Gehaltvolleres im Angebot wäre, wurde von irgendwoher eine Flasche Pfefferminzsirup vorgezogen. Ich ließ mir zu dem Wasser jeweils einen Schuss in meine Trinkflaschen geben, da ich meinen Vorrat an Getränkepulver nicht zu schnell aufbrauchen wollte. Zumindest waren die Helfer alle sehr engagiert und auf das Wohl der Radfahrer bedacht. Man muss auch festhalten, dass Paris–Brest–Paris insgesamt keine schlecht organisierte Veranstaltung ist. Einen Radmarathon zu organisieren, dessen Teilnehmer zeitweise über halb Frankreich verteilt sind, ist eine große logistische Leistung. Hauptkritikpunkt ist vor allem die nicht mehr ganz zeitgemäße Verpflegung.

Bisher war ich mit Bernd zeitgleich und es sah danach aus, als sollte ich Margot mit dem Begleitfahrzeug auch an den nächsten Kontrollstellen direkt antreffen können. Den Transport der Flüssignahrung hatten wir so vereinbart, dass sie diese immer beim Veranstalter an dem dafür vorgesehenen Ort deponierte, unabhängig davon, ob wir uns persönlich an der Kontrollstelle trafen. Dies klappte sehr gut und es sah nicht danach aus, als sollte ich gegenüber Bernd einen großen Vorsprung herausarbeiten. Nur falls ich an einer Station mehr als etwa zwei Stunden Vorsprung hätte, würde ich Gefahr laufen, meine Flüssignahrung nicht vorzufinden. Aus dem ersten Paket, das Margot für mich deponiert hatte, hatte ich mittlerweile zwei Dosen entnommen, eine sofort getrunken und die zweite für unterwegs in eine Trikottasche eingesteckt. Mit der Ernährung lief bisher alles nach Plan. Ich hatte auf dem ersten Teilabschnitt brav die ersten 4 Kraftriegel »runtergearbeitet« und wollte den fünften, der eigentlich bei Kilometer 150 fällig gewesen war, nach der Weiterfahrt essen. Von ihrer Wirkung her sind diese Riegel fast unschlagbar. Das

Verzehren ist jedoch nicht ganz einfach, da diese dehydriert sind, um die Nährstoffdichte zu erhöhen. Dadurch haben sie eine Konsistenz wie harter Kaugummi und man muss lange auf ihnen herumkauen und sehr viel dazu trinken. Nicht Wenige haben mich nach dem Rennen alleine für die Tatsache bewundert, dass ich es geschafft hatte, bis ins Ziel 29 Stück davon zu essen. Eine neu entwickelte Variante dieses Kraftriegels, von der ich einige dabei hatte, ist glücklicherweise etwas leichter zu essen, da diese mehr Feuchtigkeit enthält. Die regelmäßige Kalorienzufuhr, unabhängig davon, ob der Körper Hunger signalisierte oder nicht, war in dieser Phase des Rennens besonders wichtig. Generell gilt für den Langstreckenfahrer, dass ein Hungergefühl gar nicht erst aufkommen darf. Bei dem hohen Anfangstempo von gut 30 km/h im hügeligen Gelände musste mein Körper die Kohlenhydratreserven zur Energiegewinnung relativ stark angreifen. Die für den Langstreckenfahrer wichtigste Energiegewinnung des Körpers durch den Fettstoffwechsel reichte hierfür nicht aus.

Mittlerweile war es sehr warm geworden. Nach einem kurzen Besuch der »Plätscherstube« zog ich mir mein zweites Trikot und die Ärmlinge aus, mit denen ich mich früh morgens noch gegen die Kälte geschützt hatte. Nach insgesamt 15 Minuten Aufenthalt an der Verpflegungsstelle[6] war ich wieder startklar. Ich machte mich jetzt alleine auf die Strecke. Ich hatte zunächst keine Ahnung, wie viele von meiner alten Gruppe wieder unterwegs waren, aber ich sagte mir, in dieser frühen Phase des Rennens wird man sich irgendwann wieder einer Gruppe anschließen können. Es machte keinen Sinn, ständig zu versuchen, eine bestimmte Gruppe beieinander halten zu wollen. Im Endeffekt würden dadurch alle Zeit verlieren. Diejenigen, die ungefähr dasselbe Leistungsniveau hatten, würden sich wahrscheinlich ohnehin wieder treffen. Nur kurze Zeit später bestätigten sich meine Überlegungen und es kam von hinten eine 6 Mann starke Gruppe von Dänen, die zu mir aufschloss. Wie sich herausstellte, war dies sogar eine sehr flotte Truppe und ich war an der ein oder anderen Steigung schon am überlegen, ob ich dieses Tempo überhaupt mitgehen sollte. Wir überholten in relativ kurzer Zeit einige andere Fahrer unter anderem auch Claus Czycholl, den Organisator der deutschen P–B–P-Qualifikation, der mit seinen 57 Jahren sehr respektabel unterwegs war. Außer mir traute sich nur noch ein Amerikaner, das Tempo der Dänen mitzugehen.

Kurze Zeit später sah ich plötzlich Bernd und Klaus in einer kleineren Gruppe vor mir auftauchen. Offensichtlich war ihr Stopp noch etwas kürzer als meiner gewesen. Als ich zu ihnen aufschloss, sagte ich, dass die Dänen recht flott unterwegs wären und dass man nicht um jeden Preis versuchen sollte, an

---

[6] Kontrollstelle war es erst auf dem Rückweg.

ihnen dranzubleiben. Ein Weilchen hielten wir noch den Anschluss, dann entschloss ich mich an einer längeren Steigung, abreißen zu lassen. Als ich mich umblickte, stellte ich fest, dass Klaus schon früher hatte abreißen lassen und dass ich mit Bernd, dem Amerikaner und ein, zwei weiteren Fahrern eine eigene Gruppe bildete. Wir fuhren einige Zeit in dieser Konstellation und versuchten, uns mit der Führungsarbeit abzuwechseln.

Bei Kilometer 214 sah ich vor uns an einem kurzen Anstieg einen australischen Fahrer, der an einer von Kindern selbst organisierten Verpflegungsstation angehalten hatte. Dies war ein Beispiel für die tolle Unterstützung, die man unterwegs durch die Bevölkerung immer wieder erfahren durfte. Schon zuvor waren wir des Öfteren an kleinen Gruppen von Zuschauern vorbeigefahren, die applaudierten und uns zuriefen: »Bonne route!« oder »Bon courage!«, uns also guten Weg und guten Mut wünschten. Die Strecke führte meistens auf Nebenstraßen durch sehr ländliche Gebiete. Für die dortige Bevölkerung war es offensichtlich etwas Besonderes, dass über 3500 verwegene Radfahrer aus 23 Nationen durch ihre verschlafenen Dörfchen rollten. Insbesondere die Kinder hatten ihren Spaß daran. Ich hatte irgendwie das Bedürfnis, das Engagement dieser Kinder zu honorieren. Deshalb hielt ich, genau wie der Australier vor mir, kurz an, um während eines 30-Sekunden-Stopps ein paar Schluck Wasser zu trinken, das mir die Kinder reichten. Während ich mich noch bedankte, fuhr ich aber auch schon wieder weiter. Kurze Zeit später schloss ich zusammen mit Bernd an der restlichen Steigung zu dem Australier auf. Als wir auf gleicher Höhe waren, erkannte ich, dass es sich um Malcolm handelte. Wir freuten uns über das Wiedersehen und das für mich Erstaunliche war, dass sich Malcolm und Bernd auch kannten und begrüßten. Dann wurde mir klar, dass dies über die Verbindung von Klaus doch nicht so verwunderlich war, da Klaus und Bernd sich schon länger kannten. Malcolm fragte gleich nach Klaus und wir sagten ihm, dass er wenige Minuten hinter uns sein müsste. Wir fuhren jetzt in einer Dreiergruppe und scherten uns nicht darum, was die anderen machten. Bernd und ich bewunderten das offizielle gelbgrüne australische Trikot für P–B–P 1999 mit einem stilisierten Känguru darauf. Bernd, der als Deutscher, so wie ich im Prolog, das offizielle österreichische Trikot trug, fragte Malcolm, ob sie nicht nach dem Rennen die Trikots tauschen könnten. Darauf ließ sich Malcolm auch sofort ein. Mir gefiel dieses Trikot auch besonders gut und ich fragte Malcolm, ob ich nicht vielleicht mit einem von den anderen Australiern aus seiner Gruppe nach dem Rennen auch ein österreichisches Trikot eintauschen könnte. Daraufhin bot er mir sofort an, auch mit mir zu tauschen, was ich im ersten Moment gar nicht annehmen wollte, da er dann selber keines mehr hätte. Später habe ich dies aber tatsächlich getan, da ich auch gehört hatte, dass es in Australien eine Neuauflage dieser Trikots geben sollte. Während unseres intensiven Gesprächs hatte eine neue Gruppe zu uns aufgeschlossen und wir konzentrierten uns wieder aufs Tempo machen. Ich fühlte mich absolut blendend und übernahm viel von der Führungsarbeit bis zur nächsten Kontrollstation in Villaines la Juhel. Bei Kilometer 233 erreichten wir diese schließlich und lagen damit bereits 14 Kilometer über dem offiziellen Streckenplan.

Ankunft in Villaines la Juhel mit Bernd Eibisberger und Malcolm Rogers.

Dritte Etappe: Villaines la Juhel–Fougères

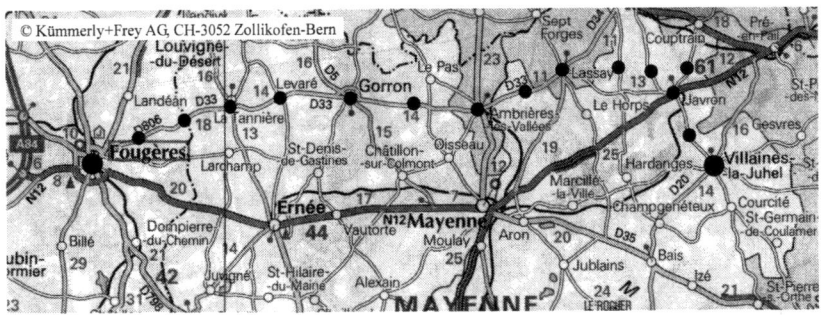

Als wir an der Kontrollstelle vorfuhren, trafen wir Hubertus, der kurz vor uns angekommen war, und Leo Schulcsik, den Bruder von Franz, der dessen Begleitfahrzeug steuerte. Leo erwartete die Ankunft seines Bruders, doch Franz lag schon einige Minuten hinter uns. Wir fragten Leo nach den Begleitfahrzeugen und er beschrieb uns, wo er und Margot geparkt hatten. Ich ging jedoch, im Gegensatz zu Bernd, zunächst einmal zum Abstempeln der Kontrollkarte in die Turnhalle. Im Foyer der Halle sah ich auf einem Tisch mein Paket mit den vier Dosen Flüssignahrung stehen, das Margot wieder für mich deponiert hatte. Ich trank wieder eine sofort und steckte die zweite ein. »Wenn das weiterhin so gut mit dem Transport klappt, kann eigentlich nichts mehr schief gehen«, dachte ich. Es sollte sich erst später zeigen, dass ich mich mit dieser Ansicht gewaltig getäuscht hatte. Am Verpflegungsstand gab es dieses Mal auch etwas anderes als nur Wasser. Viele Getränke waren leider mit Kohlensäure versetzt und daher nicht geeignet für die Trinkflaschen. Das einzig Brauchbare war Orangensaft, den ich mir mit Wasser mischte. Orangensaft sollte auch an den späteren Kontrollstellen das einzig halbwegs geeignete Getränk bleiben. Den Apfelsaft schien man in Frankreich komplett zu Cidre zu verarbeiten, jedenfalls hatte ich an keiner Kontrollstelle welchen entdecken können. Problem des Orangensafts im Gegensatz zu Apfelsaft ist, dass er etwas zu sauer ist, um ihn in so großen Mengen zu trinken. Jetzt hatte ich meine Trinkflaschen aber zunächst einmal voll. Ich wollte weiterhin meinen Vorrat an Getränkepulver bei Margot im Auto schonen. Somit hatte ich auch keinen Grund, bei ihr vorbeizuschauen und nach insgesamt 18 Minuten Aufenthalt war ich wieder startklar. Da ich noch auf der Toilette gewesen war, nahm ich an, dass Hubertus schon unterwegs war. Daher fuhr ich zunächst alleine los.

41

Alleine unterwegs bei Villaines la Juhel nach etwa 240 Kilometern.

Etwa 5 Kilometer nach der Kontrolle war auf einmal in großen Buchstaben das Wort »Foto« auf die Straße gemalt. Hier sollten die Fahrer zum ersten Mal vom offiziellen Fotografierservice aufgenommen werden. Zu diesem Zweck war den Teilnehmerunterlagen eine extra Startnummer beigelegt worden, die diejenigen, die fotografiert werden wollten, gut sichtbar anbringen sollten. Da das Anbringen der Nummer zu nichts verpflichtete, hatte ich diese mit Kabelbindern gut sichtbar an meinem Helm festgezurrt. Als ich die beiden Fotografen passierte, machte es zweimal »Klick«. Ich war sehr auf das Ergebnis gespannt, das ich aber natürlich erst nach dem Rennen zu Gesicht bekommen würde.

Die nächsten Kilometer fuhr ich alleine weiter. Ich überholte ab und zu ein paar einzelne Fahrer oder kleine Gruppen, die mir aber zu langsam waren, um mich an ihnen zu orientieren. Man merkte deutlich, dass sich das Fahrerfeld langsam ausdünnte und in die Länge zog. Die Route ging durch ein sehr ländliches Gebiet und die Straße hatte eher den Charakter eines asphaltierten Feldweges. Zum Rad fahren aber geradezu ideal. Das Wetter war ebenfalls perfekt, die Temperatur hatte um die Mittagszeit ihr Maximum mit 32 °C erreicht. Im Vergleich zu den extrem hohen Temperaturen, die ich in den Trainingswochen zuvor in Texas erlebt hatte, empfand ich dies immer noch als angenehm.

Kurz vor einem der vielen kleinen Dörfer sah ich auf einmal einen Radfahrer auf der gegenüberliegenden Straßenseite direkt neben seinem Fahrrad auf dem Asphalt liegen. Im ersten Moment dachte ich, er hätte einen Unfall gehabt. Bei näherem Hinsehen stellte sich aber heraus, dass er schlicht und einfach neben seinem Fahrrad schlief und den Schatten einer hohen Mauer ausnutzte. Obwohl praktisch keine Autos unterwegs waren, fand ich das etwas unvernünftig. Außerdem fragte ich mich, wie er im Zeitlimit überhaupt die gesamte Strecke bewältigen wollte, wenn er nach 250 km bereits den Schlaf des Gerechten hielt. Er war gleichzeitig der erste Fahrer aus einer Startgruppe vor mir, den ich bewusst wahrnahm. Ich hatte ihm bis zu diesem Punkt bereits 7 Stunden abgenommen[7].

Kurze Zeit später tauchte vor mir wieder der Amerikaner auf, der sich auf dem letzten Teilabschnitt mit mir zusammen an die Gruppe der schnellen Dänen angehängt hatte. Als ich an einer Steigung zu ihm aufschloss, sagte ich: »It seems that we have pretty much the same pace. (Es scheint, als hätten wir so ziemlich dasselbe Tempo.)« Halb stöhnend antwortete er irgendetwas schwer Verständliches und machte eine abwinkende Handbewegung. Er machte einen etwas angestrengten Eindruck und die Hitze schien ihm auch

---

[7] Gängige Redewendung im Sport für das Erarbeiten eines zeitlichen Vorsprungs.

nicht besonders zu behagen. Trotzdem gab er sich einen Ruck und hängte sich an mein Hinterrad. Einige Kilometer weiter wiederholte sich diese Szene und ich schloss an einer Steigung zu einem weiteren Amerikaner auf, den ich zuvor aber noch nicht getroffen hatte. Dieser schien noch recht frisch zu sein und er schloss sich sofort meinem Tempo an. Er hatte anscheinend nur ein kurzes Stück ein bisschen gebummelt. Er war offensichtlich in der Lage, etwas von der Führungsarbeit zu übernehmen, daher teilte ich mir mit ihm diese Aufgabe. Als wir an einer der nächsten Steigungen auf gleicher Höhe fuhren, sprach ich ihn an, da er mir einen sehr sympathischen Eindruck machte. Ich erfuhr, dass ich es mit Robert Ames aus Colorado zu tun hatte. Wir erzählten uns einiges über unsere sportlichen und beruflichen Aktivitäten. Als wir über das Rennen Paris–Brest–Paris sprachen, erzählte er mir, dass er dieses nicht als Rennen auffasste, sondern als sehr sportliche Drei-Tagestour. Er war noch nie eine ganze Nacht mit dem Fahrrad durchgefahren. Er betonte, dass er bisher noch nie länger als 24 Stunden am Stück wach gewesen war. Er hatte sich in Loudéac für den Hin- und Rückweg ein Hotelzimmer reserviert und wollte dort nach 460 km bzw. nach 790 km jeweils 7 Stunden schlafen und ein ausgiebiges Frühstück zu sich nehmen. Wenn einem die Gesamtzeit egal war, war dieses sicher nicht die schlechteste Variante.

Wir erreichten bei Kilometer 270 den wunderschönen Ort Ambrières-les-Vallées. Als wir das Flüsschen Mayenne überquert hatten, sah ich plötzlich vor uns an der nächsten Steigung, wie sich Gerry im Stehen den Anstieg hocharbeitete. Ich war nicht mehr ganz so aufgeregt wie zuvor, ihn zu treffen. Aber dass ich einen Fahrer wie ihn nach dieser Distanz überholen würde, hatte ich mir in meinen kühnsten Träumen nicht ausgemalt. Als wir zu ihm aufschlossen, begrüßten wir ihn und wechselten ein paar Worte mit ihm. Gerry sagte, wir sollten nicht auf ihn warten. Er war in dieser Phase doch deutlich langsamer unterwegs als Robert, der andere Amerikaner und ich. Er machte zwar noch einen ganz fröhlichen Eindruck, aber wie er mir später berichtete, hatte er in dieser Phase einfach das Problem, nicht genug Energie in seinen Körper zu bekommen.

Als wir an ihm vorbei waren, fragte ich Robert, ob er wüsste, wer das war. Er verneinte, aber als ich ihm den Namen Gerry Tatrai nannte, wusste er sofort, dass wir gerade den Sieger des RAAM 1998 und den Drittplatzierten des Jahres 1999 überholt hatten. Ich staunte nicht schlecht, als Robert mir auf einmal erzählte, dass er mit diesem Rennen sehr gut vertraut war, da er für Lon Haldeman, einen der Mitbegründer von RAAM, schon mal in der Begleitcrew gewesen war. Ich war fasziniert, schon wieder mit jemandem zusammen zu sein, der Erfahrungen in diesem Rennen gesammelt hatte, auch wenn er es nicht selber gefahren war. Diese Begegnungen gaben mir das Gefühl, so richtig zum Kreis der Langstreckenfahrer dazuzugehören. Ich erzählte Robert, dass ich selber davon träumte, RAAM zu fahren, vorher aber in jedem Fall Mitglied einer Begleitcrew sein wollte. Er meinte, dies sei durchaus ratsam, um die Details des Rennens kennen zu lernen.

Wir fuhren noch ein kleines Stück weiter, als vor uns wieder einer dieser von Kindern organisierten Verpflegungsstände auftauchte. Durch die Hitze hatte ich bereits einiges von meinem Flüssigkeitsvorrat aufgebraucht und es waren noch gut 45 km bis zur nächsten Kontrolle in Fougères. Ich machte daher einen 30-Sekunden-Stopp, um mir zumindest eine der Flaschen mit Wasser auffüllen zu lassen. Robert und der andere Amerikaner warteten so lange auf mich. Wir fuhren anschließend weiter in dieser kleinen Dreiergruppe, wobei aber nur Robert und ich das Tempo machten und der andere Amerikaner sich auch nicht am Gespräch beteiligte. Vielleicht war er einfach zu sehr angeschlagen dafür. Die meisten Fahrer, die wir in dieser Phase des Rennens überholten, waren aus der 22.00 Uhr-Startgruppe und deutlich langsamer unterwegs als wir. Irgendwann überholten wir wieder einen Fahrer aus unserer Startgruppe, der sich uns anschloss. Es handelte sich um einen 64-jährigen Engländer aus Birmingham. Robert und ich waren uns einig, wenn wir in diesem Alter noch dieses Tempo fahren könnten, wären wir sehr zufrieden. Wir machten ihm diesbezügliche Komplimente und er meinte, dass das Tempo auf den ersten 300 Kilometern an sein oberstes Limit gegrenzt hätte und er in Fougères verschnaufen wollte. Trotzdem, mich beeindruckte diese Leistung. Ich war bis zu diesem Punkt mit einem Schnitt von 29 km/h netto unterwegs und ich nahm nicht an, dass seine Pausen sehr viel kürzer waren als die meinigen, sodass seine Nettogeschwindigkeit in der gleichen Größenordnung liegen musste. In dieser Vierergruppe erreichten wir schließlich um 16.38 Uhr nach 319 Kilometern die Kontrollstelle Fougères.

Vierte Etappe: Fougères–Tinténiac

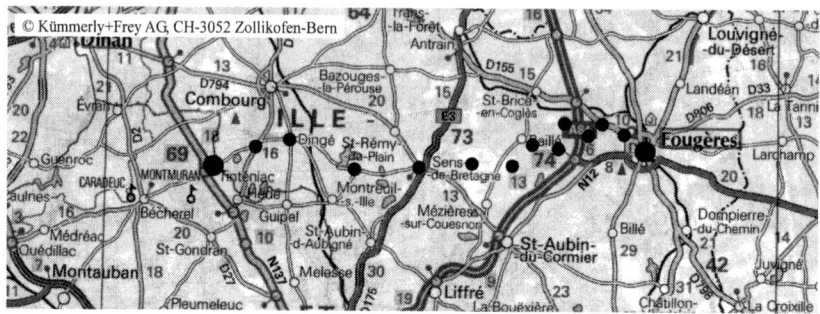

Ich verabschiedete mich zunächst von Robert, da ich nicht wusste, ob wir uns wiedersehen würden. Ich fuhr zur Turnhalle des Schulzentrums hoch, die die Kontrollstelle beherbergte und erledigte die mittlerweile gewohnten Dinge: Kontrollkarte abstempeln lassen, Trinkflaschen mit Orangensaft und Wasser auffüllen, zwei Dosen Flüssignahrung einsammeln und zur Toilette gehen. Als ich zu meinem Fahrrad ging, traf ich dort Hubertus wieder. Er war kurz nach mir angekommen und er erzählte, dass er Robert und mich hatte vorbeifahren sehen, während er an einem der privat organisierten Verpflegungsstände kurz Halt gemacht hatte. Ich hatte ihn dort aber nicht wahrgenommen. Er meinte, dass er nicht so viel Glück wie ich gehabt hatte und den größten Teil der bisherigen Strecke alleine unterwegs war. Wir verabredeten uns, den nächsten Teilabschnitt gemeinsam anzugehen. Es zeigte sich, dass wir auf dem genau gleichen Leistungsniveau fuhren und dass die Anzahl der Fahrer mit diesem Tempo nicht mehr sehr groß war. Wir passten ebenfalls mit unserer Pausenplanung hier in Fougères gut zusammen. Hubertus wollte sich am Verpflegungsstand noch etwas zu Essen besorgen und ich wollte mich mit Sonnenmilch eincremen. Dies war eigentlich viel zu spät. Der Sonnenbrand war bereits deutlich zu sehen und zu spüren. Irgendwie hatte ich mir eingeredet, meine in Texas gut vorgebräunte Haut müsste mit der in Mitteleuropa schwächeren UV-Strahlung auch so fertig werden und ich könnte die Zeit zum Eincremen sparen. Dies war offensichtlich ein Trugschluss. So wichtig war mir meine Endzeit auch wieder nicht, dass ich dafür einen Sonnenbrand in Kauf nehmen wollte.

Nachdem ich mich eingecremt hatte, fuhr ich zum Eingangsbereich des Schulgeländes und wartete auf Hubertus. Plötzlich sah ich auch Robert wieder, der sich gerade an einem Fahrradständer startklar machte. Ich fragte ihn, ob wir nicht wieder gemeinsam fahren wollten, wir müssten nur noch einen kleinen Moment auf Hubertus warten. Er stimmte sofort zu. Nachdem Hubertus kurze Zeit später auch da war, stellte ich die beiden einander vor und wir gingen in dieser Dreiergruppe den nächsten Teilabschnitt nach Tinténiac an. Insgesamt hatte meine Stoppzeit in Fougères gut 30 Minuten betragen. Zunächst mussten wir die recht große Stadt durchqueren und einige lästige Ampelstopps in Kauf nehmen. Kurz nach dem Verlassen der Stadt auf einer Hauptstraße führte die Route aber wieder auf wenig befahrene Nebenstraßen.

Nach 320 km mit einem Schnitt von 29 km/h war es an der Zeit, etwas »den Fuß vom Gas« zu nehmen. Wir nahmen uns dies nicht explizit vor, es ergab sich von alleine. Zu dem etwas niedrigeren Tempo trug sicher auch bei, dass wir uns angeregt unterhielten und oft auch nebeneinander fuhren. Robert hätte auch weiterhin ein höheres Tempo fahren können, denn er zog ab und zu an den Steigungen alleine davon, wartete im Endeffekt aber immer wieder auf Hubertus und mich. Berücksichtigen musste man natürlich auch die unterschiedliche Renntaktik. Robert würde nach weiteren gut 100 km sieben Stunden Schlaf bekommen. Ich dagegen musste mit meinen Kräften noch die ganze Nacht und darüber hinaus zurecht kommen. Fahrer aus unserer Startgruppe trafen wir fast keine mehr, wir überholten vorwiegend Fahrer aus der 22.00 Uhr-Startgruppe. Um 19.21 Uhr erreichten wir nach 378 km die Kontrolle in Tinténiac.

Fünfte Etappe: Tinténiac–Loudéac

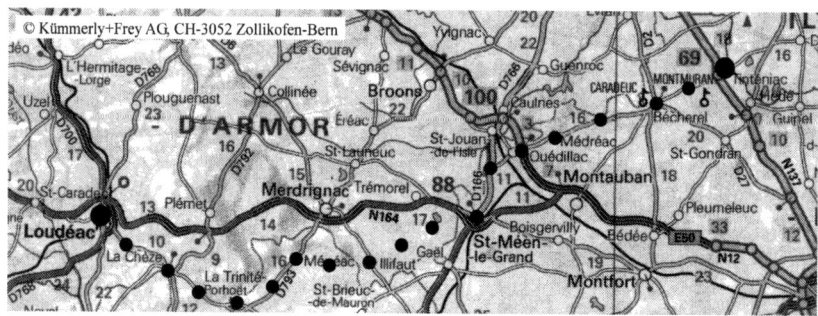

Robert wollte an dieser Kontrollstelle im Restaurant ein warmes Abendessen zu sich nehmen, bevor er die letzte Etappe zu seinem Hotel in Loudéac anging. Hubertus und ich hingegen wollten möglichst schnell weiter und das restliche Tageslicht ausnutzen. Nach dem üblichen Prozedere musste ich am Verpflegungsstand feststellen, dass es hier außer Wasser nichts Brauchbares gab. Ich beschloss, Margot mit dem Begleitfahrzeug zu suchen und mein Getränkepulver anzugreifen. Der Platz für die Begleitfahrzeuge war neben dem Schulgelände auf einem abgeernteten Acker. Ich traf dort sofort Andrea Urbanek, die Nichte von Klaus, die auf dessen Ankunft wartete und mir den Weg zu den Fahrzeugen beschrieb. Hubertus kam auch mit, da er bei Margot im Auto eine Tasche für seine Übernachtungen in Loudéac platziert hatte und die Gelegenheit nutzen wollte, dort etwas herauszuholen. Nachdem wir uns versorgt hatten, machten wir uns nach 22 Minuten Aufenthalt wieder auf den Weg. Genau in dem Moment, als wir wieder auf die Strecke einbogen, kamen Klaus und Bernd an der Station an und wir grüßten uns noch kurz.

Hubertus und ich waren noch keinen Kilometer gefahren, als plötzlich von hinten die Australierin Cassie kam. Ich freute mich, sie wiederzusehen und wir erzählten uns gegenseitig einige unserer bisherigen Erlebnisse. Als ich Robert erwähnte, sagte sie plötzlich, dass sie uns kurz zuvor zusammen gesehen hatte und dass sie Robert auch kennen würde. Ich staunte mal wieder, wie klein die Welt sein konnte und Cassie erklärte mir, dass sie Robert von RAAM her kennt, da sie bereits in der Begleitcrew der weltbesten Extremradsportlerin Seana Hogan gewesen war. Später erfuhr ich von Malcolm, dass Cassie konkrete Pläne hatte, selber RAAM zu fahren. Das erklärte dann auch, warum Hubertus und ich am nächsten Anstieg ihr Tempo nicht mehr mitgehen konnten. Wir sagten ihr, sie solle nicht auf uns warten. Als sie ihr Tempo fuhr, konnten wir nur noch einen Moment lang ihre durchtrainierten Waden von hinten bewundern. Doch auch sie sollte ich nicht zum letzten Mal in diesem Rennen gesehen haben.

Danach waren Hubertus und ich wieder alleine unterwegs und unser Durchschnittstempo betrug nur noch 26,3 km/h. Nach 414 km begann es langsam zu dämmern und wir machten einen 30-Sekunden-Stopp, damit Hubertus sein reflektierendes Schulterdreieck überziehen konnte. Ich trug einen reflektierenden Gürtel, den ich sonst beim Lauftraining im Winter nutzte. Da ich keinen Platz mehr zum Verstauen dieses Gürtels hatte, trug ich ihn einfach die ganze Zeit über quer um den Oberkörper, da er mich beim Rad fahren nicht weiter störte. Bei Kilometer 427 war es bereits so dunkel, dass wir die Stirnlampen montieren mussten. Wir hielten vor der Kirche von Illifaut an und zogen unsere Stirnlampen aus unseren Rahmentaschen. Hubertus hatte mir beim 600er-Brevet einen guten Tipp gegeben, wie man ohne zusätzliche Halterung und blitzschnell eine konventionelle Stirnlampe am Fahrradhelm fixieren konnte. Dies war aber nur aufgrund der speziellen Formung seines Helmes möglich. Ich hatte mir daraufhin ein ähnliches Modell vom gleichen Hersteller zugelegt und auf diese Fixierungsmöglichkeit geachtet. Als ich meine Stirnlampe durch Drehen des Reflektors anschalten wollte, tat sich zunächst einmal nichts. Da fiel mir wieder ein, dass ich die Batterie noch nicht angeschlossen hatte, um ein unabsichtliches Anschalten der Lampe zu verhindern. Nachdem dies korrigiert war, machten wir uns nach knapp 7 Minuten wieder auf den Weg. Durch diesen Stopp war mein Körper etwas abgekühlt und ich begann zu frieren, da ich immer noch die kurzen Sachen an hatte. Wir machten daher 500 m weiter noch mal für gut 4 Minuten Halt, damit ich mir mein zweites Trikot und die Ärmlinge anziehen konnte. Hubertus war schon entsprechend angezogen und wartete solange auf mich. Danach konnte es dann endlich richtig weitergehen und wir überholten weiterhin viele Fahrer aus der 22.00 Uhr-Startgruppe, für die bereits die zweite Nacht begann. Irgendwo bei Kilometer 450 hatte sich noch einmal der offizielle Fotografierservice postiert und fotografierte uns beide mit Blitzlicht, während wir eine kurze Steigung im Stehen hochkletterten. Eine halbe Stunde später erreichten wir um 23.12 Uhr nach 464 km die Kontrolle Loudéac.

Unterwegs mit Hubertus zwischen Tinténiac und Loudéac nach ca. 400 km.

Unterwegs mit Hubertus zwischen Tinténiac und Loudéac nach ca. 450 km.

Sechste Etappe: Loudéac–Carhaix-Plouguer

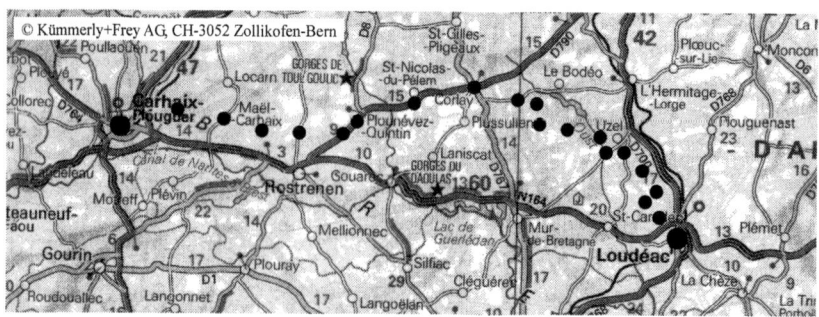

Wir wurden von der Hauptstraße auf ein etwas rückwärtig gelegenes Schulgelände geleitet. Als wir auf den Schulhof fuhren, erwartete uns eine große Menschenmenge, die für die Radfahrer ein langes Spalier bildete und laut applaudierte. Es tat gut, die Anteilnahme und Unterstützung der Zuschauer zu spüren. Ein bisschen konnte sich hier jeder Teilnehmer wie die berühmten Radprofis auf ihren Bergetappen bei der Tour de France fühlen. Wahrscheinlich empfanden die Zuschauer für jeden, der hier ankam auch wirklich den gleichen Respekt wie für einen Radprofi, denn die Strecke, die wir bis hierher zurückgelegt hatten, war bereits doppelt so lang wie die längsten Etappen bei der Tour de France. Das Erreichen dieser Kontrollstelle, zusammen mit der Begeisterung der Zuschauer, gab mir das Gefühl, einen wichtigen Meilenstein erreicht zu haben. Immerhin hatten wir schon deutlich mehr als ein Drittel der gesamten Strecke geschafft. Einige Meter ging es noch durch dieses Spalier, bis wir unmittelbar vor der Kontrollstelle anhielten. Neben den vielen Zuschauern waren auch sehr viele Teilnehmer hier in Loudéac. Offensichtlich machte ein großer Teil der 22.00 Uhr-Starter hier Schlafpause. Nachdem Hubertus und ich unsere Räder abgestellt hatten, sprach uns ein Teilnehmer aus der 22.00 Uhr-Startgruppe an, ob wir aus der Gruppe von Klaus wären. Ich kannte ihn zwar nicht, aber ich bestätigte seine Frage. Als er realisierte, dass wir aus der 5.00 Uhr-Startgruppe waren und ihm 7 Stunden abgenommen hatten, war er ziemlich sprachlos.

Wir gingen zum Abstempeln unserer Karten. Ich fand an der Kontrollstelle wieder ein Paket mit der Flüssignahrung vor und Hubertus seine Tasche, die er zuvor Margot gegeben hatte. Hubertus wollte hier in Loudéac etwa 3½ Stunden schlafen. Ihm war seine Endzeit nicht so wichtig, daher wollte er sich in beiden Nächten etwa 3½ Stunden Schlaf gönnen. Ich hingegen wollte gleich weiter, daher verabschiedeten wir uns. Ich verspürte noch keine Müdigkeit und bei dem Trubel, der hier herrschte, hätte ich sicher ohnehin nicht schlafen können.

Ich benötigte noch einige Zeit auf der Toilette, da meine Verdauung nicht hundertprozentig normal funktionierte. Die Nahrung hatte sich zwar bisher vom Energiedurchsatz sehr gut bewährt, aber auf so langer Strecke hatte ich bisher noch keine Erfahrungen mit dieser Zusammenstellung. Auf jeden Fall war es aber ein Fortschritt gegenüber den Problemen, die ich früher mit der Aufnahme von Milcheiweiß hatte. Dass das Milcheiweiß Schuld am Durchfall war, diesen Zusammenhang hatte ich erst relativ kurz vor P–B–P erkannt und seither konsequent während Radmarathons darauf verzichtet.

Nach gut 28 Minuten Aufenthalt machte ich mich wieder, jetzt alleine, auf den Weg nach Carhaix-Plouguer. Auf den nächsten Kilometern merkte ich, dass die bisherige Nahrungsaufnahme etwas zu knapp war. Es war kein richtiges Tief, ich merkte aber, dass ich einfach noch mehr essen musste. Es war im Grunde nicht überraschend, denn ich hatte meinen Plan, alle 30 km einen Kraftriegel zu essen, nicht ganz durchhalten können. Nach gut 300 km hatte die Lustlosigkeit etwas die Oberhand gewonnen und ich hatte nur noch alle 40–45 km einen gegessen. Jetzt zog ich aber wieder einen aus der Trikottasche und trank danach gleich die Dose Flüssignahrung, die eigentlich für die Hälfte der Etappe gedacht war. Nach etwa 10 Minuten war der Blutzuckerspiegel wieder gestiegen und ich kam noch mit einem Schnitt von 25 km/h voran.

Kurze Zeit später, etwa bei Kilometer 480, kamen mir plötzlich zwei Radfahrer entgegen. Sie hatten, genauso wie ich, eine Doppelbeleuchtung mit einer Lampe am Fahrrad und einer Stirnlampe auf dem Helm. Dies musste die Spitze der 20.00 Uhr-Startgruppe sein und damit auch des gesamten Feldes. In relativ kurzen Abständen folgten nun weitere Fahrer oder kleine Fahrergruppen. Zu gern hätte ich diesen Moment bei Tageslicht erlebt, um mir ein Bild vom aktuellen Rennverlauf zu machen. So war aber jeder entgegenkommende Fahrer nur ein anonymes Licht in der Dunkelheit. Ich beneidete diese Fahrer ein wenig, waren sie doch schon auf dem Rückweg. Die Schnellsten von ihnen würden nach gerade mal 44 Stunden gegen 16.00 Uhr des folgenden Tages wieder in Paris sein. Für diese Gruppe begann bereits die zweite Nacht. Ich konnte zwar nicht in die Gesichter dieser Fahrer blicken, aber ihrer Haltung und ihrem Tempo nach zu urteilen, war bei ihnen von Müdigkeit nichts zu spüren. Von dieser Spitzengruppe hatte noch keiner ein Auge zugemacht und wer vorne bleiben wollte, konnte sich dies auch bis Paris nicht erlauben. Von der zweiten Nacht war ich hingegen noch weit entfernt und ich war zunächst froh, dass ich in der ersten noch keine Müdigkeit verspürte.

Bei Kilometer 500 erreichte ich den Ort Corlay. In der Ortsmitte standen plötzlich einige Ordner, die mich zur Seite winkten. Hier war also offensichtlich die erste Geheimkontrolle. Die Geheimkontrollen sollten sicherstellen, dass niemand auf die Idee kam, irgendwelche Abkürzungen zu benutzen, die an einigen Stellen durchaus möglich gewesen wären. Nach 1½ Minuten Aufenthalt hatte ich auch diese Kontrolle passiert und fuhr sofort weiter in Richtung Brest. Am Ortsausgang von Corlay meinte ich auf einmal, das typische Geräusch einer brechenden Speiche vernommen zu haben. Ich schaute besorgt auf mein Hinterrad, konnte aber auf die Schnelle keinen Achter feststellen. Es war bei Nacht und während des Fahrens natürlich auch nur schwer zu erkennen, wie das Hinterrad zwischen den Bremsbacken durchlief. Da ich aber kein unmittelbares Streifen an den Bremsbacken feststellen konnte, kam ich zu der Überzeugung, dass ich mich wohl getäuscht haben musste.

Auf den nächsten Kilometern fiel mir auf, dass die Anzahl der Fahrer, die ich überholte, langsam geringer wurde. Ich musste wohl schon einen großen Teil der 22.00 Uhr-Starter hinter mir gelassen haben. Seit Tinténiac, wo mich Cassie überholt hatte, war auch keiner mehr von hinten gekommen. Dafür kamen mir mittlerweile immer mehr Fahrer aus der 20.00 Uhr-Startgruppe entgegen.

Etwa 10 Kilometer vor Carhaix-Plouguer merkte ich auf einmal, dass ich ein Fahrradlicht permanent hinter mir hatte. Ich war mir zunächst nicht sicher, ob dies ein Fahrer aus meiner Startgruppe sein würde. Die Fahrer, die ich zuletzt überholt hatte, waren nicht wesentlich langsamer als ich gewesen und gehörten zum schnelleren Teil der 22.00 Uhr-Starter. Ich hatte das Gefühl, einen Jäger im Nacken zu haben und fühlte mich motiviert, noch mal einen Zahn zuzulegen. Das Licht blieb jedoch permanent hinter mir. Nach einer Weile dachte ich, »Wenn der mein Tempo mitgehen kann, dann kann er auch ein bisschen Führungsarbeit leisten« und ich nahm an einer leichten Steigung etwas Tempo heraus. Jetzt überholte mich der Fahrer hinter mir und es bestätigte sich, dass er aus meiner Gruppe war. Als ich ihm von der Seite ins Gesicht schaute, war ich ziemlich überrascht. Ich schätzte ihn auf mindestens 55, wenn nicht gar 60 Jahre. Ich sprach ihn auf Englisch an, es stellte sich aber heraus, dass er Franzose war und kein Englisch konnte. Mein Französisch war für eine richtige Konversation ein bisschen zu schlecht. Aber so große Lust, mich länger zu unterhalten, hatte ich ohnehin nicht. Ich hängte mich einfach an sein Hinterrad und wir fuhren so bis an den Stadtrand von Carhaix-Plouguer.

Wir waren bereits auf einer von Straßenlaternen erleuchteten Ortseinfahrt, als ich plötzlich noch einen Fahrer hinter uns bemerkte. Ich drehte mich nach ihm um und dabei muss ich wohl den Lenker geringfügig nach rechts verzogen haben, sodass ich durch ein Schlagloch fuhr. Dieses hatte ich zwar zuvor wahrgenommen, meinte aber, sicher daran vorbeifahren zu können. Als Konsequenz schleuderte es eine meiner vollen Trinkflaschen aus der Sattelhalterung heraus. Die Aluflaschen können einiges verkraften, aber die Flasche schlug mit dem Plastikmundstück auf den Asphalt, sodass ein großes Stück davon herausbrach. Glücklicherweise war es nicht so groß, dass die Dichtung davon beeinträchtigt wurde und ich steckte die auch sonst verbeulte Flasche während eines 15-Sekunden-Stopps wieder in den Halter zurück. Die anderen beiden waren natürlich schon voraus, aber 3 Kilometer weiter hatte auch ich um 2.51 Uhr die Kontrollstelle Carhaix-Plouguer bei Kilometer 543 erreicht.

Siebte Etappe: Carhaix-Plouguer–Brest

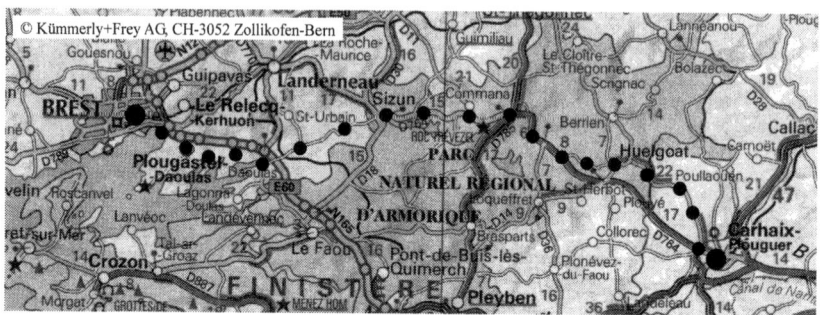

Beim Abstempeln meiner Kontrollkarte fragte ich die Rennkommissare, wie viele Fahrer aus meiner Gruppe diese Station bereits passiert hätten. Sie antworteten: »Sehr sehr Wenige, so etwa zehn«. Dies bestätigte, was ich schon vermutet hatte. Ich war bisher sehr zufrieden mit dem Verlauf des Rennens. Was mich allerdings ärgerte, war die Tatsache, dass ich auch hier wieder einige Minuten auf der Toilette verlor. Die Entfernung zwischen zwei Kontrollstellen war mittlerweile immer gerade kurz genug, sodass ich mich nicht noch unterwegs in die Büsche schlagen musste. Beim 600er-Brevet hatte ich auch dies einige Male tun müssen.

Ich hatte mich an der Kontrollstelle wieder mit Flüssignahrung eingedeckt. Dies war das letzte Paket, das ich vorbereitet hatte. Mehr Dosen hatte ich nicht aus den USA mitgebracht. Margot wollte ohnehin nicht bis Brest fahren, sodass sie mir ein weiteres Paket auch nicht hätte deponieren können. An der Pinwand, die seitlich im Raum der Kontrollstelle aufgestellt war, hatte ich eine Nachricht von ihr vorgefunden. Wir hatten vereinbart, dass sie mir im Bedarfsfall mit gut sichtbaren grünen Zetteln und einem großen schwarzen Fragezeichen darauf eine Nachricht zukommen lassen konnte. Auf dem Zettel stand beschrieben, wo ihr Auto zu finden war und dass sie dort von 2.00 Uhr bis 3.00 Uhr stehen würde. Was die zeitliche Einschränkung sollte, war mir nicht klar und ich nahm sie auch nur unterbewusst zur Kenntnis. Ich suchte ihr Auto an der beschriebenen Stelle, konnte es aber auch nach einigem Hin- und Herfahren nicht finden. Ich wollte eigentlich nur wegen des Getränkepulvers bei ihr vorbeischauen. Ein bisschen hatte ich auch das Bedürfnis, nach der langen Alleinfahrt wieder ein bekanntes Gesicht zu sehen und ein paar Worte zu wechseln. Da diese Suche aber vergeblich war, fuhr ich wieder auf das Gelände der Kontrollstation und deckte mich mit Orangensaft-Wasser-Gemisch ein. Als ich wieder startklar war und aus dem Gelände herausfuhr, traf ich an der Ausfahrt auf einmal Regine und Ilka. Regine Feistritzer komplettierte als Freundin von Franz seine Begleitcrew, zusammen mit seinem Bruder Leo und dessen Freundin Sissi Rathbauer. Ich fragte sie, wo denn Margot wäre und sie antworteten, die wäre schon nach Brest gefahren. Dafür würden sie selbst hier in Carhaix-Plouguer bleiben. Offensichtlich hatten sie den ursprünglichen Plan geändert. Ich fragte nicht nach dem Grund, da das jetzt bedeutungslos für mich war. Ilka fragte mich noch nach meinem Befinden und dem des Allerwertesten. Ich antwortete, mir ginge es sehr gut und mit dem Sitzen könnte ich es auch noch aushalten. Wir verabschiedeten uns und ich fuhr nach knapp 28 Minuten Aufenthalt wieder alleine in die Nacht hinaus.

Auf den folgenden 17 Kilometern tauchten nur zwei oder drei einzelne Fahrer vor mir auf, die ich relativ schnell überholte. Irgendwo an einer Abzweigung nahm ich einen Radfahrer wahr, der neben seinem Fahrrad im Straßengraben lag und schlief. Das war zwar nicht gefährlich, da er im Gegensatz zu dem Fahrer kurz nach Villaines la Juhel nicht direkt auf der Straße lag. Ich fragte mich aber, wie er geweckt werden würde. Hatte er vielleicht einen eigenen Wecker dabei? Ich konnte mir nicht vorstellen, dass er bis Sonnenaufgang schlafen wollte. Wenn doch, dann hätte er dies auch bequemer an einer Kontrollstelle tun können. Falls ich selber irgendwann während dieses Rennens Schlaf benötigen sollte, dann wollte ich an einer der Kontrollstellen schlafen. Ich war von meiner Ausrüstung her ohnehin auf nichts anderes vorbereitet. Ich hatte nicht genug warme Kleidung dabei, um mich nachts bei etwa 10 °C in den Straßengraben zu legen. Des Weiteren hat mein Fahrradcomputer zwar eine Weckfunktion, ob diese allerdings laut genug wäre, um mich aus dem Tiefschlaf zu holen, bezweifelte ich stark. Das Aufwecken war jedoch auch an den Kontrollstellen nicht hundertprozentig gesichert. Im Vorfeld hatte ich Berichte von Fahrern gehört, die versehentlich nicht oder zu spät geweckt worden waren. Aber so schnell verschwendete ich daran noch keinen Gedanken. Ich war noch hellwach und das Gefühl, ganz alleine unterwegs zu sein, machte mir auch nichts aus. Dieses Gefühl wurde noch dadurch verstärkt, dass die Route für die Rückkehrer in diesem Bereich eine andere war, denn es begegneten mir überhaupt keine Fahrer mehr.

Bei Kilometer 560 bemerkte ich auf einer leichten Abfahrt plötzlich wieder Licht hinter mir. Aus dem Augenwinkel schienen es mir gleich mehrere Lichter zu sein. Diese Tatsache motivierte mich gleich, etwas stärker in die Pedale zu treten. Ich wollte lieber der Jäger als der Gejagte sein. Nach etwa 5 Minuten war der Abstand der Lichter hinter mir aber immer noch konstant. »Wenn ich sie nicht abhängen kann und wir ohnehin das gleiche Tempo fahren, können wir uns auch zusammenschließen«, dachte ich mir. Daher ließ ich es einfach nur noch rollen und wartete, bis die Gruppe aufschloss. Als sie kurz hinter mir war, scherte ich etwas nach links aus, drehte mich um und sagte auf Englisch: »I will join the group. That's more efficient. (Ich werde mich der Gruppe anschließen. Das ist effizienter.)« Ich bekam auch auf Englisch die Antwort: »We already thought the same. (Das dachten wir auch schon.)« Als sie auf meiner Höhe waren, sah ich, dass es sich um vier Dänen handelte. Ich war mir ziemlich sicher, dass diese vier auch schon zu der Gruppe gehört hatten, der ich mich kurz nach Mortagne au Perche zeitweise angeschlossen hatte. Diese Dänen schienen einen großen Zusammenhalt zu haben, denn schon auf diesem Abschnitt war mir aufgefallen, dass einmal die ganze Gruppe angehalten hatte, um auf ein Gruppenmitglied zu warten. Trotzdem schienen aber von den ursprünglich sechs Fahrern, nur vier übrig geblieben zu sein. Jedenfalls war ich froh, wieder in einer starken Gruppe zu sein und ich hängte mich hinten an. Wir waren ungefähr 5 Kilometer gemeinsam gefahren, als ich mich an einer leichten Steigung plötzlich über den Straßenbelag wunderte. Im Lichtkegel meiner Stirnlampe konnte ich nichts Besonderes erkennen. In dem Wald, durch den wir nun schon seit mehreren Kilometern fuhren, war es stockfinster, sodass es überhaupt schwierig war, irgendwelche Konturen auszumachen. Irgendwie hatte ich das Gefühl, wie auf Rollsplitt zu fahren und ich spürte jeden kleinen Stein. Als ich einen Moment später aus dem Sattel ging, wurde mir plötzlich klar, dass ich vorne einen Plattfuß hatte. Ich fluchte laut vor mich hin und ärgerte mich, dass ich den Anschluss an die Dänen verlieren würde, denn auf mich würden sie sicher nicht warten. Ich fuhr zunächst ein Stück weiter, denn die Luft war noch nicht vollständig aus dem Reifen entwichen. Ich wollte abwarten, ob ich nicht einen etwas besser geeigneten Platz für die Reparatur finden könnte, denn hier war es mir einfach zu finster. Etwa 200 Meter weiter tauchte nach einer Kurve ein freistehendes, unbeleuchtetes Haus auf, das unmittelbar neben der Straße lag. Zwischen dem Haus und der Straße war ein kleines, ebenes Stück asphaltiert, das zum Reparieren des Reifens geeignet erschien. Auch an diesem Haus wurde die Umgebung noch relativ dicht vom Wald umschlossen. Es war hier aber ein bisschen heller als noch kurz zuvor. Der relativ volle Mond half leider nicht viel, denn dessen Licht wurde zum größten Teil von den Wolken verschluckt.

Jetzt sollte sich meine Stirnlampe erst richtig bewähren. Nur mit ihr konnte ich beide Hände frei haben und trotzdem alles Notwendige ausleuchten. Ich kramte mein Werkzeug ganz unten aus der Rahmentasche heraus und stellte mein Fahrrad auf den Kopf. Relativ schnell hatte ich den vorderen Mantel auf einer Seite von der Felge gezogen. Ich war gerade dabei, den defekten Schlauch herauszuziehen, als plötzlich zwei Motorradfahrer auftauchten. Sie gehörten zur offiziellen Streckenkontrolle und waren unter anderem auch dafür da, den Radfahrern bei Defekt Hilfestellung zu leisten. Dass diese beiden schon 5 Minuten nach meinem Defekt auftauchten, war riesiges Glück. Ich hatte auf der ganzen bisherigen Strecke mit Ausnahme des unmittelbaren Starts erst einmal zuvor diese Motorräder wahrgenommen. Einer der beiden fragte mich, ob ich mit dem Beheben des Defektes zurecht käme. Ich bejahte, aber die beiden blieben noch, um mir mit ihren starken Scheinwerfern noch mehr Licht zu geben. Im Lichtkegel eines Scheinwerfers untersuchte ich den Vordermantel auf die Ursache des Defektes hin. Nach einer dreiviertel Umdrehung stieß ich auf einen langen spitzen Metallsplitter, der noch im Mantel steckte. Dagegen war praktisch jeder Mantel machtlos. Nachdem ich die Ursache lokalisiert und beseitigt hatte, konnte ich den Ersatzschlauch einlegen und den Mantel wieder über die Felge ziehen. Ich schnappte mir meine Luftpumpe, um die Reparatur abzuschließen. Diese Pumpe verfügte über einen drehbaren Kopf, der sowohl für Schrader- als auch für Sclaverand-Ventile geeignet war. Als ich den Kopf in die richtige Position drehen wollte, stellte ich fest, dass auf der Seite für das Fahrradventil die äußere Schraube fehlte, die die Dichtung hielt und an die Ventilgröße anpasste. »Nicht so schlimm«, dachte ich mir, »nimmst du einfach die Schraube vom Schrader-Ventilkopf«, die die gleiche Größe hatte. Nach dem Wechsel dieser Schraube setzte ich die Pumpe am Ventil an. Nach einigen Pumpstößen haute es auf einmal die Dichtung des gegenüberliegenden Ventilkopfes heraus. »Aha«, dachte ich, »da liegt also das Problem.« Ohne die fehlende Dichtungsschraube war meine Pumpe unbrauchbar. Ich versuchte, diesen Sachverhalt den beiden Motorradfahrern klarzumachen, was nicht ganz einfach war, da sie nicht vernünftig Englisch sprachen und ich nicht vernünftig Französisch. Sie erkannten aber wohl, wo das Problem lag. Ungünstig war natürlich die Tatsache, dass momentan so wenig Radfahrer unterwegs waren. Sonst hätte man einfach auf den Nächsten warten und ihn um eine Pumpe bitten können. Ich war mir nicht sicher, ob in den letzten 15 Minuten überhaupt noch ein Radfahrer vorbeigekommen war. Durch die Reparatur bedingt hatte ich aber nicht genau darauf achten können. Ich sah mich in Gedanken schon ein Weilchen dumm herumstehen, nur um auf eine simple Luftpumpe zu warten. Ich diskutierte noch etwa zwei Minuten mit Händen und Füßen mit den beiden Motorradfahrern, was es jetzt noch für Möglichkeiten gäbe, als die Erlösung von hinten nahte. Ein Tandem und vier Einzelfahrer fuhren zu uns auf. Ich machte ein paar Schritte auf die Straße und fragte laut auf Englisch, ob mir jemand eine Luftpumpe leihen könnte. Es stellte sich heraus, dass die Tandemfahrer Amerikaner waren und sie hielten sofort an, um mir ihre Pumpe zu geben. Damit war ich also noch mal gut und glücklich davongekommen. Ich bedankte mich bei den Amerikanern, die sofort wieder weiterfuhren. Die beiden Motorradfahrer warteten solange, bis auch ich wieder losfuhr. 19 Minuten Zeitverlust hatte mich die ganze Aktion insgesamt gekostet.

Kurze Zeit später überholte ich das amerikanische Tandem und die vier Einzelfahrer wieder und war erneut ganz alleine unterwegs. Zwei oder drei Kilometer weiter bog die Route wieder auf die Hauptstraße zwischen Carhaix-Plouguer und Brest ein. Hier kamen mir auch wieder Radfahrer entgegen. Es ging auf den Roc Trévezel zu, den höchsten Punkt der gesamten Strecke auf 349 Meter Meereshöhe. Die Straße war leicht ansteigend und einige Zeit später tauchte auf der rechten Seite eine große beleuchtete Antennenanlage auf, was darauf hindeutete, dass nun gleich der höchste Punkt erreicht sein müsste. Dies bestätigte sich auch und anschließend begann eine 15 Kilometer lange Abfahrt nach Sizun. Dort verzweigte sich wieder die Route für den Hin- und Rückweg und die »Glühwürmchenprozession« von Fahrern der 20.00 Uhr-Startgruppe, die mir bisher entgegengekommen war, hatte ein Ende.

Bei Kilometer 595 erreichte ich den Ort Le Tréhou. Ich sah am Ortseingang einen Radfahrer stehen, der offensichtlich ein technisches Problem hatte. Er sprach nur sehr gebrochen Englisch aber das Wort »screwdriver« kannte er offensichtlich, um sein Problem zu beschreiben. Am Akzent erkannte ich sofort, dass es sich um einen Italiener handelte. Ich zögerte nicht anzuhalten. Vor einer Stunde erst hatte ich selber von der Hilfe anderer Radfahrer profitiert. Auf diese paar Minuten kam es auch nicht mehr an. Ich holte mein Schweizer Taschenmesser aus der Rahmentasche und reichte es ihm. Er wollte damit seinen Halogenstrahler zum Batteriewechsel aufschrauben. Er stellte sich dabei nicht gerade besonders geschickt an, sodass ich schon überlegte, die Sache selbst in die Hand zu nehmen. Da es aber nur zwei Möglichkeiten gibt, eine Batterie einzulegen, hatte auch er irgendwann die richtige Polarisation herausgefunden. Nach drei Minuten war dieses Problem gelöst und ich machte mich wieder auf den Weg.

Nachdem ich Le Tréhou verlassen hatte, war ich wieder vollständig von der Dunkelheit umgeben und von anderen Radfahrern war nichts zu sehen. Nach den offiziellen Streckenangaben hätte ich mich mit den knapp 600 bereits absolvierten Kilometern schon unmittelbar vor Brest befinden müssen. Ich wusste bereits, dass dies nicht stimmen würde und ich rechnete noch mit gut 20 Kilometern bis Brest. Obwohl ich schon sehr nah am Atlantik sein musste, wies der Streckenabschnitt noch überdurchschnittlich viele und teilweise etwas heftigere Steigungen auf. Einer der Vorteile der Nachtfahrt war, dass man nicht sah, was noch alles an Höhenmetern auf einen zukam. Man musste sich einfach immer auf das unmittelbar vor einem Liegende konzentrieren. Das beschränkte sich weitgehend auf die Reichweite des Lichtkegels der Stirnlampe.

Als ich an einer dieser Steigungen aus dem Sattel ging, meinte ich auf einmal wieder, das Geräusch einer brechenden Speiche gehört zu haben. Ich schaute wieder auf mein Hinterrad und dieses Mal war es definitiv keine Einbildung gewesen. Das Rad hatte einen Achter und streifte an den hinteren Bremsbacken. Ich war endgültig frustriert. Diese Reparatur würde ein Mehrfaches an Zeit verschlingen als das Reparieren des Plattfußes. Ich hatte das Gefühl, dass alles bisher Erreichte umsonst war. Ich ärgerte mich über mich selbst, dass ich es überhaupt hatte darauf ankommen lassen. Ich wusste doch, dass das Hinterrad gefährdet war. Sonst hatte ich im Vorfeld von P–B–P auch keine Kosten und Mühen gescheut, um mich und mein Fahrrad optimal vorzubereiten. Zunächst konnte ich aber gar nichts machen, außer die hintere Bremse zu lösen, damit sie nicht mehr am Rad streifte. Ich musste in jedem Falle bis Brest weiterfahren. Der Zahnkranzabzieher alleine nützte noch nichts ohne einen großen Schraubenschlüssel. Bei solchen Ereignissen machte es den entscheidenden Unterschied, ob man ein eigenes Begleitfahrzeug hatte oder nicht. Mit eigenem Fahrzeug hätte ich in Brest im Handumdrehen ein komplett neues Hinterrad einsetzen können. So musste ich darauf hoffen, irgendwoher zumindest das notwendige Werkzeug zu bekommen, um das defekte Rad zu reparieren. Alles Fluchen und Jammern half nicht weiter, ich musste mich weiterhin auf die Strecke nach Brest konzentrieren.

Nach jedem Hügel erwartete ich, zum ersten Mal einen Blick auf die Stadt Brest werfen zu können. Aber ein ums andere Mal tauchten wieder neue Hügel auf. Anstelle der Lichter der Großstadt merkte ich aber, dass wieder ein Fahrradlicht hinter mir aufgetaucht war. An der folgenden Steigung verringerte sich der Abstand langsam immer weiter, bis der Fahrer schließlich kurz vor dem höchsten Punkt zu mir aufgeschlossen hatte. Ich drehte mich zu ihm um und sah, dass es wieder der alte Franzose war, der mich schon kurz vor Carhaix-Plouguer eingeholt hatte. Offensichtlich hatte er dort eine noch längere Pause als ich gemacht. Wir begrüßten uns kurz. Ich ließ ihn vorfahren und hängte mich an sein Hinterrad. Ich fühlte mich in dieser »Schmarotzerrolle« wohler. Mir ging es körperlich zwar nach wie vor sehr gut, aber die Ereignisse zuvor hatten eine gewisse Lustlosigkeit hervorgerufen. Über zwei oder drei Hügel blieb ich weiter am Hinterrad des Franzosen, als endlich die ersten Lichter von Brest auftauchten.

Wir näherten uns der Stadt von Süden. Wir waren auf der letzten Abfahrt vor dem Erreichen des Atlantiks und die nächtlichen Konturen der Stadt auf der uns gegenüberliegenden Seite einer Meeresbucht wurden immer deutlicher. Von Osten brach bereits die Dämmerung an, was die Szenerie in ein fast irreales Licht tauchte. Dieser Anblick hob meine Stimmung deutlich. Ich vergaß schon fast, was mir in Brest mit der Reparatur noch bevorstand. Ich rollte mit dem Franzosen auf gleicher Höhe. Er sagte irgendetwas auf Französisch zu mir. Ich verstand es nur bruchstückhaft, aber in dieser Situation bedurfte es nicht vieler Worte. Auch ihn muss dieser Anblick sehr beeindruckt haben. Allein die Tatsache, die Hälfte der Strecke bewältigt zu haben und ab jetzt den Rückweg antreten zu können, sorgte für einen enormen Motivationsschub. Ich versuchte auf Französisch auszudrücken, dass wir unter den Ersten unserer Startgruppe wären, die diesen Anblick erleben durften. Als wir fast schon Meereshöhe erreicht hatten, stand an einer kleinen Kreuzung ein Ordner, der uns auf einen Radweg leitete. Wenige Meter später gaben die Bäume den Blick frei und wir kamen auf die Brücke »Albert Louppe«, die uns über die Meeresbucht nach Brest bringen sollte. Einen besseren Moment zur Überquerung dieser Bucht hätte man nicht abpassen können. Vor uns lagen glasklar die Lichter der Stadt. Rechter Hand sahen wir die beeindruckenden Pylonen der »Pont de l'Iroise« mit den fächerförmigen Stahltrossen vor dem Hintergrund der ersten Dämmerung. Linker Hand sahen und spürten wir den kalten Hauch des Atlantiks. Das Einzige, was mir dazu auf Französisch einfiel, war: »C'est magnifique! (Das ist großartig!)« Der Franzose nickte mit dem Kopf. Als wir die Brücke überquert hatten, ging es über einige Kreisverkehre direkt in die Stadt hinein. Ich war jetzt voll motiviert und hellwach, daher übernahm ich die Führung. Plötzlich tauchte ein anderer Fahrer vor uns auf, zu dem wir schnell aufschlossen und ihn schließlich überholten. Er hängte sich zunächst an uns beide mit an. Zwei Kreisverkehre weiter, an der nächsten Steigung, war er aber schon wieder weg. Der Franzose wunderte sich, wo er geblieben war. Ich versuchte ihm zu sagen, dass er wahrscheinlich nicht aus unserer Startgruppe wäre. Vor uns tauchten jetzt die ersten Wohnblocks auf und es war fast schon so hell, dass man das Fahrradlicht ausschalten konnte. Einige hundert Meter weiter hatte auch diese Steigung schließlich ein Ende und die Kontrollstelle in Brest war erreicht.

Achte Etappe: Brest–Carhaix-Plouguer

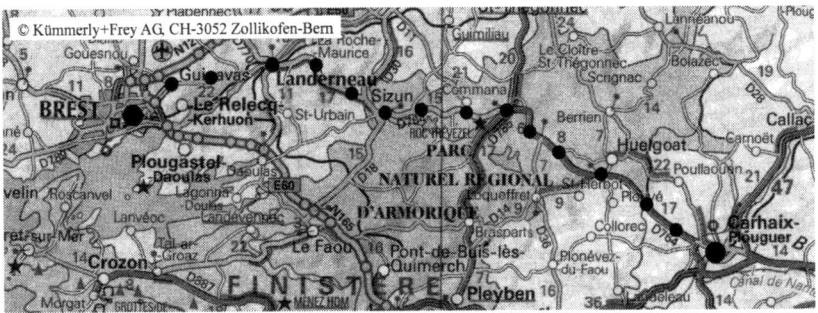

Es war jetzt 7.10 Uhr und der Kilometerzähler zeigte 630 an. Ich hatte somit für die halbe Strecke gut 26 Stunden benötigt, wovon die reine Fahrzeit etwas mehr als 23 Stunden betrug. Damit wäre ich im Prinzip sehr zufrieden gewesen. Doch was dies wert sein würde, musste sich erst noch zeigen.

Nachdem ich bei der Kontrolle gewesen war, fuhr ich zurück zum Parkplatz für die Begleitfahrzeuge, um nach Margot Ausschau zu halten. Ich hoffte, bei ihr das nötige Werkzeug zu bekommen. Anstelle von Margot begegneten mir aber unmittelbar Leo und seine Freundin Sissi. Sie waren selber gerade mit ihrem Fahrzeug angekommen und wunderten sich, mich hier schon anzutreffen. Ich beschrieb ihnen mein Problem und fragte Leo, ob er einen großen Schraubenschlüssel für den Zahnkranzabzieher hätte. Ohne zu zögern zog er seine Werkzeugkiste aus dem Auto. Ich holte unterdessen mein eigenes Werkzeug und die Ersatzspeiche aus meiner Rahmentasche und stellte mein Fahrrad neben Leos Auto auf den Kopf. Ich baute das Hinterrad aus und identifizierte zunächst die gebrochene Speiche. Es war wieder die dem Zahnkranz gegenüberliegende Seite betroffen. Leo fragte, ob in diesem Fall das Abziehen des Zahnkranzes tatsächlich notwendig wäre. Im Prinzip hatte er Recht. Zur Not hätte man die Speiche auch so einfädeln können, hätte sie dabei aber ziemlich stark verbiegen müssen. Da wir das Werkzeug zur Verfügung hatten, wollte ich lieber auf Nummer sicher gehen. Leo hatte mittlerweile einen passenden Schraubenschlüssel herausgezogen und auch ein Spezialwerkzeug zum Gegenhalten des Zahnkranzes. Er hatte auch einen Zahnkranzabzieher in seinem Sortiment. Es war aber nicht die passende Größe für meinen Kranz, sodass es gut war, dass ich meinen Abzieher selber dabei hatte. Gemeinsam lösten wir die Zahnkranzsicherung und zogen das gesamte Ritzelpaket herunter. Ich entfernte die alte Speiche, fädelte die neue ein und schraubte sie in den vorhanden Nippel. Mit dem Nippelspanner zog ich sie

63

zunächst nach Gefühl fest. Jetzt konnte der Kranz wieder Ritzel für Ritzel aufgesetzt und festgezogen werden. Ich baute das Hinterrad wieder in den Rahmen ein und kontrollierte den Seitenschlag. Ich erwartete, dass das Rad schon einigermaßen zentriert gewesen wäre, musste aber feststellen, dass noch ein starker Achter im Rad war. »Das kann nicht sein«, dachte ich und kontrollierte noch mal alle Speichen. Da sah ich, dass noch eine zweite Speiche gebrochen war. Ich hatte mich bei Kilometer 500, nach der Geheimkontrolle, also doch nicht getäuscht gehabt. Das hieß also, die ganze Aktion zu wiederholen, nur dass ich jetzt keine neue Speiche mehr hatte. Leo bot sich an, bei Margot nach einer Speiche zu fragen und ich sagte ihm, welche Länge ich bräuchte. Kurze Zeit später kam er wieder und sagte, eine Speiche hätte er nicht, dafür aber mein Getränkepulver. »Besser als gar nichts«, dachte ich. Leo schlug vor, bei der Kontrollstelle nach Ersatzspeichen zu fragen und bot sich wieder an, dies für mich zu erledigen, da ich mit den Radschuhen nicht gut laufen konnte. Er nahm die alte Speiche mit und kurze Zeit später kam er mit einer neuen zurück. Ich verglich die beiden und war der Meinung, dass die neue 2 mm länger wäre. Der Vergleich war nicht einfach, da bei der alten der Kopf abgebrochen war. Ich wollte nicht noch einen Fehler machen und bat Leo, noch eine kürzere zu besorgen. Kurz danach brachte er noch eine Speiche. Diese war aber etwas kürzer als die Originalspeiche. Genau meine Größe hatten sie offensichtlich nicht vorrätig. »Zur Not tut es auch die etwas kürzere«, dachte ich und begann, diese einzufädeln. Ich hatte zuvor schon wieder den Zahnkranz abmontiert. Ich versuchte die Speiche in den alten Nippel einzuschrauben, nach wenigen Umdrehungen blockierte aber das Gewinde. »O.k.«, dachte ich, »dann hast du sie wohl etwas schief angesetzt« und ich probierte es noch einmal. Aber erneut blockierte das Gewinde nach wenigen Umdrehungen. Jetzt ließ ich es Leo probieren, vielleicht hatte er ruhigere Hände. Ich unterstützte ihn, indem ich den Druck von der Speiche nahm. Das Resultat war wieder dasselbe. Ich schaute mir die Speiche jetzt genauer an und musste feststellen, dass dies eine 2 mm dicke Speiche war. Diese kann man natürlich nicht in ein 1,8 mm-Gewinde schrauben. Die einzig mögliche Lösung hieß, den passenden Nippel einzusetzen. Die Konsequenz daraus war die Demontage des Mantels, des Schlauches und des Felgenbandes. Die Sache fing an, mir auf die Nerven zu gehen. Leo ging jetzt zum dritten Mal zur Kontrollstelle. Ich fing unterdessen an, Mantel und Schlauch zu demontieren. Kurze Zeit später kam Leo mit zwei Nippeln wieder. Er meinte, die hätte er jetzt umsonst bekommen, weil wir schon Stammkunden wären. Humor war das Einzige, womit sich das Ganze noch ertragen ließ. Ich war mittlerweile beim Felgenband angekommen. Ich stellte fest, dass die gebrochene Speiche diesbezüglich sehr günstig lag. Ich musste das Felgenband nur 10 cm weit abziehen, um an den Nippel dieser Speiche heranzukommen. »Endlich mal wieder eine gute Nachricht«, dachte ich sarkastisch. Ich wechselte den Nippel und schraubte ihn von oben mit dem Schraubenzieher auf die neue Speiche. Wenn ohnehin schon alles demontiert war, konnte man sich zumindest diesen Vorgang erleichtern. Während ich noch damit beschäftigt war, fragte ich Leo, wie spät es wäre. Er zeigte mir seine Armbanduhr und sagte: »Zwanzig vor neun«. Ich hatte also schon 1½ Stunden durch die Reparatur verloren und war immer noch nicht fertig. Ich war stinksauer und deprimiert. Aber mit dem Schicksal zu hadern, brachte mich auch nicht schneller nach Paris zurück. Irgendwann waren auch Felgenband, Schlauch, Mantel und Zahnkranz wieder montiert. Ich setzte das Hinterrad wieder ein und zentrierte es auf die Schnelle, indem ich die Bremsbacken als Orientierung nahm. Besonders genau nahm ich es dabei nicht mehr. Hauptsache das Rad lief halbwegs geradeaus und brach nicht vor Paris komplett zusammen. Wenn ich mit den beiden gebrochenen Speichen weitergefahren wäre, hätte dies durchaus passieren können. Nach knapp 2 Stunden war die Reparatur endlich fertig und ich begann, mein Werkzeug wieder in der Rahmentasche zu verstauen. Sissi hatte sich unterdessen angeboten, meine Trinkflaschen mit dem restlichen Getränkepulver und Wasser aus ihrem Vorrat aufzufüllen. Während wir noch damit beschäftigt waren, fing es plötzlich an zu regnen. »Schon wieder Glück gehabt«, dachte ich, »es hätte ja auch schon früher loslegen können.«

Ich schob mein Fahrrad eilig die etwa 100 Meter zur Turnhalle zurück, in der die Kontrolle und der Verpflegungsstand untergebracht war. Als ich hineinging, begegneten mir unmittelbar am Eingang Bernd und Margot. Bernd war soeben erst angekommen. Wir unterhielten uns kurz über das bisher Geschehene. Die beiden wollten am Verpflegungsstand frühstücken und ich beschloss, mich ihnen anzuschließen. »Darauf kommt es jetzt auch nicht mehr an«, dachte ich. Das Wetter lud nicht gerade zum sofortigen Weiterfahren ein, denn es goss jetzt in Strömen. Als wir am Verpflegungsstand in der Schlange standen, sah ich im hinteren Teil der Halle etwa 20–30 Radfahrer, die auf Gymnastikmatten lagen und schliefen. Wenn man richtig müde war, störte sicher die Festbeleuchtung und der Lärmpegel in der Halle nicht beim Schlafen, dachte ich mir. Ich kaufte mir ein Schinkenbaguette und eine große Schale schwarzen Kaffee. Ich spürte nach wie vor keine Müdigkeit, wollte aber mit dem Kaffee, den ich sonst nie trinke, gleich möglichen Müdigkeitsphasen vorbeugen. Mit dem Schinkenbaguette nahm ich nach 28 Stunden zum ersten Mal etwas anderes als Kraftriegel oder Flüssignahrung zu mir. Dementsprechend gut schmeckte es. Ich hoffte auch, dass sich durch die Aufnahme natürlicher Nahrung meine Verdauung langfristig wieder etwas normalisieren würde. Der Energiedurchsatz der Spezialnahrung war zwar sehr gut, verursachte aber leichten Durchfall, sodass ich auch hier wieder einige Minuten auf dem stillen Örtchen verbrachte.

Kurz bevor ich mich wieder startklar machen wollte, traf ich in der Halle auf Ferdinand. Im ersten Moment hatte ich ihn gar nicht erkannt, da er seine Garnitur bereits gewechselt hatte und nicht mehr im österreichischen Trikot fuhr. Er war vom Regen bereits ziemlich durchweicht worden, weswegen er leicht angesäuert war. Er fühlte sich aber körperlich noch sehr gut. Er war somit der Dritte aus unserer Gruppe, der Brest erreicht hatte.

Ich holte meine Regensachen aus der Rahmentasche und eilte wieder in die trockene Turnhalle, um sie dort anzuziehen. Bernd machte sich ebenfalls startklar und wir verabredeten uns, zunächst gemeinsam loszufahren. Während wir noch im Eingangsbereich standen, sahen wir, wie auch Klaus die Kontrollstelle erreichte. Er hatte bereits ein längeres Stück im Regen fahren müssen. Bernd und ich wollten uns bei Margot am Begleitfahrzeug treffen. Als ich wenige Minuten später dort war, hatte Bernd seine Meinung aber geändert und er meinte, er könnte mein Tempo nicht mitgehen und wäre mir keine Hilfe. Wahrscheinlich hatte er Recht. Ich musste also wieder alleine los. Margot steckte mir noch zwei Bananen zu, die ich dankend annahm.

Der Regen hatte mittlerweile deutlich nachgelassen. Ich fragte mich, ob es überhaupt die richtige Entscheidung war, mit der kompletten Regengarnitur loszufahren. Es war aber noch sehr viel Wasser auf der Straße und nach den ersten paar hundert Metern durch die Brester Innenstadt war ich wegen des Spritzwassers doch froh, insbesondere die Überschuhe und die Regenhose anzuhaben. Die Route führte nordöstlich aus der Stadt heraus. Nachdem ich auch den letzten Vorort hinter mir gelassen hatte, begann ein langgezogener Anstieg in Richtung Landerneau. Es hatte mittlerweile fast vollständig aufgehört zu regnen und mir wurde es zu warm in meinen Sachen. Nach nur 10 gefahrenen Kilometern entschloss ich mich daher, die Regensachen wieder auszuziehen. Dies bedeutete schon wieder 7 Minuten Zeitverlust, da ich die Sachen sehr präzise zusammenlegen musste, damit sie bei meinem limitierten Platzangebot überhaupt zu verstauen waren.

Durch das Spritzwasser des Vorderreifens bekam ich relativ schnell nasse Füße. Es war aber ziemlich warm, sodass mich dies wenig störte. Nach der Durchquerung der Stadt Landerneau begann der Anstieg zum Roc Trévezel. Im Gegensatz zur Hinfahrt, die kurz vor Brest einer Achterbahnfahrt glich, war dies eine relativ gleichmäßige Rampe, die nur durch eine kleine Abfahrt nach Sizun unterbrochen wurde. Ab Sizun waren auch Hin- und Rückweg wieder identisch, sodass mir ab diesem Punkt auf einmal eine Unmenge von Radfahrern entgegen kam. Auf der Gegenfahrbahn war es fast ein kontinuierlicher Strom, der den Berg hinunter kam und auch in meiner Richtung waren einige unterwegs. Durch meinen unfreiwillig langen Aufenthalt in Brest hatten natürlich viele Fahrer wieder aufgeschlossen. Außerdem sah ich bereits die ersten Fahrer aus der 20.00 Uhr-Startgruppe, die in Brest offensichtlich Schlafpause gemacht hatten. Etwa 5 km vor Erreichen des höchsten Punktes am Roc Trévezel rief auf einmal jemand von der Gegenfahrbahn meinen Namen. Ich schaute hinüber und sah Horst. Er machte einen fröhlichen Eindruck. Ich war froh ihn zu sehen, denn ich hatte noch auf der Hinfahrt von Hubertus erfahren, dass er bereits nach etwa 200 km aufgeben wollte. Den genauen Grund hatte Hubertus nicht gewusst, aber offensichtlich hatte er es sich noch mal anders überlegt.

Wenige Minuten später tauchte der Gipfel des Roc Trévezel vor mir auf. Ich hatte jetzt, im Gegensatz zur nächtlichen Hinfahrt, endlich die Gelegenheit, diese spektakuläre Landschaft zu genießen. Die Schlechtwetterwolken hatten sich mittlerweile, zumindest am Berg, vollständig verzogen und der Sonne Platz gemacht. Ich konnte mehrere Kilometer weit blicken und den Atlantik hinter den Resten der Wolken leicht hindurchschimmern sehen. An den windgekrümmten Bäumen und der außergewöhnlichen Graslandschaft konnte man ermessen, wie rau das Klima hier sein musste. Trotz einer gewissen Kargheit an manchen Stellen ging eine besondere Faszination von diesem Berg aus. Als ich den höchsten Punkt schließlich erreicht hatte, ging die Route in die Hauptstraße nach Carhaix-Plouguer über. Im Gegensatz zur Hinfahrt sollte diese auch nicht mehr verlassen werden. Die Straße war optimal ausgebaut und verlief für französische Verhältnisse sehr gerade auf ihr Ziel zu. Vom Profil her war es eine ziemliche Achterbahn, aber eine der angenehmen Sorte. Die Abfahrten waren etwas länger als die Anstiege, denn bis Carhaix-Plouguer würde man insgesamt 200 Höhenmeter verlieren.

Die Sonne ließ die vom Regen zurückgelassene Feuchtigkeit verdunsten, wodurch es sehr schwül wurde. An einem der kurzen Anstiege hatte ich auf einmal vom Schweiß ein Brennen in den Augen. Normalerweise bekam ich das durch ein paar Mal Blinzeln oder durch Wegwischen mit dem Finger wieder unter Kontrolle, aber dieses Mal musste ich kurz anhalten, um mir ein Taschentuch herauszuholen. Ich war gerade wieder losgefahren und über die nächste Kuppe rüber, als mich von hinten ein gemischtes amerikanisches Tandem mit einer vierköpfigen französischen Fahrergruppe »im Schlepptau« überholte. Auf Abfahrten kann einem nichts Besseres passieren, als sich an ein Tandem anzuhängen, da diese aufgrund ihres Gewichtes deutlich höhere Geschwindigkeiten erreichen können. Ich schloss mich also sofort dieser Gruppe an. Gemeinsam stürzten wir uns mit über 60 km/h die nächste Abfahrt hinunter. Um den Windschatten nicht abreißen zu lassen, musste ich sehr dicht hinter dem Vordermann bleiben. Im Prinzip ist das kein Problem.

Unangenehm war jedoch, dass die Straßen noch sehr nass waren und ich nun die volle Ladung Spritzwasser vom Hinterrad des Vordermannes ins Gesicht bekam. Aber dreckig war ich ohnehin schon nach 690 Kilometern Rad fahren, da kam es darauf auch nicht mehr an. Am nächsten Anstieg war die Situation mit der Geschwindigkeit dann eine völlig andere. So groß der Vorteil der Tandems bergab ist, so groß ist der Nachteil bergauf, denn jetzt muss das höhere Gewicht nach oben gewuchtet werden. Ich hatte bisher noch nie das Vergnügen gehabt, hinter einem Tandem zu fahren. Ich fand es lustig zu sehen, welche Technik sie dabei anwendeten. Die Hinterfrau ging aus dem Sattel und trat in einer absolut präzisen Vertikalbewegung in die Pedale. Während bei einem normalen Fahrrad das Fahren im Stehen am Berg durch die Lenkbewegung ziemlich schlingert, so muss beim Tandem fahren der Hintermann bzw. Hinterfrau darauf achten, keinerlei Horizontalbewegung zu machen, um die Lenkung des Vordermannes nicht zu beeinflussen. Diese Amerikanerin machte das absolut vorbildlich und hüpfte wie eine Springmaus auf ihren Pedalen herum. Während sich die beiden auf dem Tandem offensichtlich ziemlich anstrengen mussten, war für uns Einzelfahrer bei diesem Tempo Erholung angesagt. Auf der nächsten Abfahrt waren die Rollen dann wieder vertauscht und wir Einzelfahrer mussten zusehen, den Windschatten nicht abreißen zu lassen. Diese Abfahrt war noch spektakulärer als die zuvor und wir erreichten sogar die 70-km/h-Marke. Ein paar Mal machte ich dieses Spielchen noch mit, dann wurde mir irgendwann das Tempo im Anstieg zu langsam. Ich setzte mich von der Gruppe ab, während die vier Franzosen hinter dem Tandem blieben. Richtig abschütteln konnte ich sie allerdings nicht, da mein Vorsprung auf den Abfahrten immer etwas zusammenschmolz. Einige Kilometer hielt ich noch meinen Vorsprung, bis ganz kurz vor Carhaix-Plouguer eine längere Abfahrt dafür sorgte, dass die Gruppe wieder ganz zu mir aufschloss. »O.k.«, sagte ich mir, »hättest du ein bisschen Kraft sparen können«. Aber dieser Tandemrhythmus war mir irgendwann auf die Nerven gegangen, sodass ich es nicht bereute, alleine vorneweg gefahren zu sein. Jetzt kam der allerletzte Anstieg nach Carhaix-Plouguer und ich setzte mich erneut von der Gruppe ab. Ich fuhr kurz vor ihr um 12.49 Uhr nach 712 Kilometern in die Kontrollstation ein.

Neunte Etappe: Carhaix-Plouguer–Loudéac

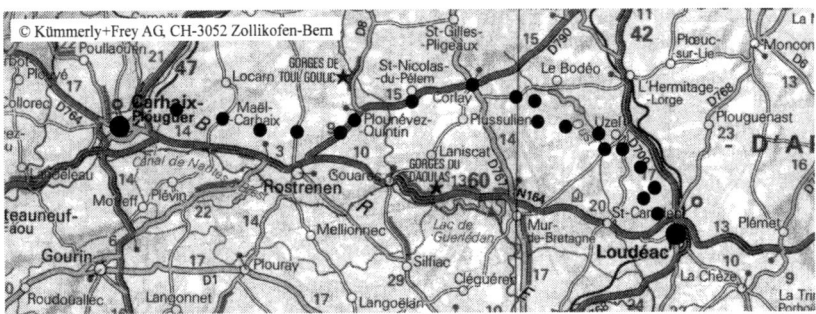

Als ich vor der Kontrollstelle vom Rad stieg, wurde ein neues Problem immer offenkundiger. Ich hatte bereits auf den Kilometern zuvor etwas Schmerzen im linken Knie, die besonders beim Fahren im Stehen auftraten. Als ich die paar Schritte zur Kontrolle hinüberging, wurden diese Schmerzen deutlich stärker. Ich humpelte etwas, um das Knie nicht so stark abwinkeln zu müssen. Die Sache machte mir ziemlich Sorgen, ich wollte aber zunächst einmal abwarten, wie sie sich weiterentwickelte. Ich erledigte zunächst die üblichen Dinge und vergaß auch nicht, mich mit Sonnenmilch einzucremen, da sich die Sonne mittlerweile voll durchgesetzt hatte. Ich wollte meinen Sonnenbrand vom Vortag nicht noch schlimmer werden lassen. Nach 36 Minuten Aufenthalt machte ich mich wieder auf den Weg. Ich spürte das Knie jetzt permanent. Das Auftreten richtiger Schmerzen war aber mehr punktuell und hing vom aktuellen Streckenprofil ab und davon, ob ich stehend oder sitzend fuhr. Ich hatte Carhaix-Plouguer fast durchquert und der letzte Kreisverkehr führte auf eine lang ansteigende Ortsausfahrt in Richtung Maël-Carhaix. Ich ging an diesem Anstieg aus dem Sattel und die Schmerzen fuhren mir wieder schlagartig ins Knie. Sie waren so stark, dass ich dachte, so kann es nicht weitergehen. Ich bekam Zweifel, ob ich überhaupt noch weiterfahren sollte oder könnte. Diese Zweifel traten jetzt in einer Situation auf, in der meine Frustrationstoleranz durch die Defekte zuvor bereits auf das Äußerste strapaziert war. Diese Kniebeschwerden waren genau der Tropfen, der bei mir nun das »Fass zum Überlaufen« brachte. Ich befand mich in gewisser Weise in einem Zustand der kompletten Verwirrung. Die für diese Unternehmung so wichtige Einheit von Körper und Geist hatte sich aufgelöst. Einerseits sendete mein Körper mit den punktuellen Knieschmerzen Signale aus, die ich nicht eindeutig interpretieren konnte. Andererseits machte mir meine emotionale Verwirrung eine streng vom Verstand gesteuerte Entscheidung nicht mehr möglich. In meine Gedanken mischten sich vage Ängste, meinem Knie einen dauerhaften Schaden zuzufügen. Bezüglich meiner sportlichen Zielsetzung hatte ich einfach nur das Gefühl, dass alles »den Bach runterging«, ohne dass ich in der Lage gewesen wäre, nüchtern die Fakten zu analysieren. Einige Augenblicke zögerte ich noch und schwankte hin und her, dann stoppte ich den Aufzeichnungsmodus an meinem Fahrradcomputer und drehte um. Es war genau an der Stelle, an der ich in der Nacht zuvor durch ein Schlagloch gefahren war und meine Trinkflasche verloren hatte.

Ich fuhr die 3½ Kilometer zur Kontrollstelle zurück. Noch vor dem Eingang traf ich am Straßenrand Ilka, die neben ihrem Begleitfahrzeug auf Klaus wartete. Ich berichtete ihr von meinen Kniebeschwerden und dass ich aufgeben wollte. Sie versuchte, mich umzustimmen und schlug vor, dass ich doch zunächst einmal zum Arzt gehen sollte, denn schließlich stand an jeder Kontrollstelle ein Mediziner zur Verfügung. Vielleicht könnte man noch etwas mit einer Salbe machen. Außerdem berichtete sie von Klaus, der arge Probleme mit den Achillessehnen hatte, aber auch noch nicht aufgeben wollte. Ich war für konstruktive Vorschläge aber nicht mehr aufnahmefähig. Ich konnte generell nicht mehr positiv denken. Ich sagte Ilka, dass ich vor vielen Jahren schon mal Knieprobleme nach einer langen Radtour gehabt hatte. Ich befürchtete, dass dies wieder die Anzeichen einer Knorpelaufrauung der Kniescheibe waren. Da würde auch keine Salbe mehr helfen. Ich stand neben ihr über meinen Fahrradlenker gebeugt und musste mit den Tränen kämpfen. Ich hatte das Gefühl, dass alles umsonst war, das gesamte Training, die gesamte Vorbereitung. Ich musste an das Frühjahr zurückdenken, wo ich drei Wochen vor dem Hamburg-Marathon wegen eines leichten Übertrainingssyndroms meinen Versuch aufgeben musste, die 3-Stundenmarke im Laufmarathon zu unterbieten. Fünf Monate hatte ich mich konsequent und bis kurz vor Schluss sehr viel versprechend darauf vorbereitet. In Hamburg nur Zuschauer gewesen zu sein, war bereits sehr schwer zu ertragen gewesen. Danach hatte ich mir mit Paris–Brest–Paris eine neue Zielsetzung aufgebaut und auch hier schien, zunächst alles nach Plan zu laufen. Ich hatte die Qualifikation fast ohne radspezifisches Training in diesem Jahr absolviert, nur auf der Grundlage meines fünfmonatigen Lauftrainings. Das hatte sogar besser funktioniert als erwartet. Danach hatte ich den größten Teil meines Radtrainings berufsbedingt in Texas absolvieren müssen und mein Fahrrad dorthin mitgenommen. Bei einer im wahrsten Sinne des Wortes mörderischen Hitze[8] von bis zu 39 °C und hoher Luftfeuchtigkeit hatte ich jede Woche 500–600 Trainingskilometer auf unendlich langen und flachen Straßen absolviert, immer mit

---

[8] In der Folge dieser Hitzewelle, die an manchen Orten 44 °C erreichte, starben in den USA mehr als 200 Menschen.

dem Ziel Paris vor Augen. Jetzt stand ich aber mitten in der Bretagne, noch über 500 km von Paris entfernt, und war psychisch am Ende.

Ich fuhr die letzten paar Meter bis vor die Kontrollstelle und humpelte mit meinem angeschlagenen Knie hinein. Ich fragte, ob einer der Offiziellen auch Englisch spräche und wurde an eine junge Frau verwiesen. Ich sagte ihr, dass ich aufgeben wollte und fragte sie, welche Möglichkeiten es gäbe, nach Paris zurückzukommen. Diese Möglichkeiten beschränkten sich von vornherein auf die Eisenbahn. Das wusste ich auch schon, denn bereits bei der Anmeldung wurde man darüber informiert, dass der Veranstalter für einen eventuellen Rücktransport keinerlei Verantwortung übernahm und auch keinerlei Vorkehrungen dafür getroffen wurden. Diese junge Frau beschrieb mir nun, dass es in Carhaix-Plouguer einen Bahnhof gab, der Endstation einer Regionalbahn war. Mit dieser könnte man nach Guingamp fahren und dort in den Fernzug nach Paris umsteigen. Der Fahrradtransport, sagte sie weiter, wäre aber nicht ganz unproblematisch in Frankreich, da man dafür eine Spezialverpackung bräuchte. Ob man diese am Bahnhof von Carhaix-Plouguer bekommen würde, wüsste sie nicht, bezweifelte es aber. Sie sagte, das wäre zugegebenermaßen etwas merkwürdig, sie könne es aber nicht ändern.

Auf diese Art und Weise diese Veranstaltung zu beenden, erschien mir nicht besonders verlockend und ich ging noch mal zurück zu den Begleitfahrzeugen. Mittlerweile war auch Klaus angekommen. Er lag auf dem Bauch in seinem Begleitfahrzeug und ließ sich von Ilka seine Achillessehnen vereisen. Ich berichtete von dem Transportproblem mit der Bahn und wir überlegten gemeinsam, ob es vielleicht eine Möglichkeit gäbe, in einem der Begleitfahrzeuge zurückzukommen. So schien es mir zumindest. Tatsächlich war ich der Einzige, der überlegte. Dies konnte und sollte ich jedoch zu diesem Zeitpunkt nicht wissen. Denn während ich bei der Kontrolle gewesen war, um nach der Zugverbindung zu fragen, hatten sich meine Aufgabeabsichten unter allen Begleitern in den vier Fahrzeugen unserer Gruppe herumgesprochen. Sie waren sich schnell einig, dass ich nicht in einem Zustand war, der eine Aufgabe rechtfertigte. Sie hatten sich daher verabredet, es mir nicht so leicht zu machen und mir den Rücktransport nicht anzubieten. Das mag für den Außenstehenden im ersten Moment befremdend klingen. Einen größeren Gefallen hätten sie mir jedoch nicht erweisen können. Eine gute Begleitcrew zeichnet sich unter anderem dadurch aus, dass sie dem Jammern des Athleten nicht beipflichtet. Sie hatten richtig erkannt, dass mein Problem eher mentaler Natur war. Sie versuchten daher, mich mit einem kleinen Trick zum Weiterfahren zu bewegen. Das Fahrzeug von Edith war im Grunde das Einzige, das noch Platz für eine Person und ein Fahrrad gehabt hätte. Sie hatten daher vereinbart, dass Edith losfahren sollte, bevor ich von der Kontrollstelle zurückkäme. Dies war möglich, da Ferdinand diese Station kurz zuvor bereits passiert hatte.

Ich blickte nun in das Begleitfahrzeug von Klaus und auf seine dick geschwollenen Achillessehnen. Ich konnte mir nicht vorstellen, dass er in diesem Zustand noch bis Paris fahren könnte. Er würde somit den Platz in seinem Fahrzeug selber benötigen. Ich traute mich gar nicht erst, danach zu fragen. Genauso wenig wie bei Margot und Leo, da ich wusste, wie voll ihre Fahrzeuge waren. Ich zögerte noch kurz, aber die einzig verbleibende Möglichkeit schien die zu sein, bis zur nächsten Station zu fahren und dort Edith zu fragen, ob sie noch einen Platz im Auto hätte. Ich war aber emotional immer noch total verwirrt. Im nächsten Moment hatte ich schon selber leise Zweifel, ob ich nicht vielleicht die Flinte zu früh ins Korn warf. Mit diesem kleinen Trick brachten mich meine Freunde jedenfalls dahin, wo sie mich haben wollten. Sie nahmen mir die Entscheidung einfach ab und ich machte mich notgedrungen wieder auf den Weg.

Ich fuhr zum vierten Mal durch die Innenstadt von Carhaix-Plouguer. Zunächst fuhr ich recht behutsam und vermied an den Steigungen aus dem Sattel zu gehen, da vor allem bei dieser Bewegung die Schmerzen auftraten. Mit dieser Technik war es ganz gut auszuhalten. Das Groteske an meiner Situation war, dass ich zwar psychisch am Tiefpunkt war, ich mich aber körperlich, mit Ausnahme des Knies natürlich, besser als je zuvor fühlte. Dieses körperliche Hochgefühl verleitete mich dazu, wieder richtig Gas zu geben. Eine weitere Motivation war die vage Angst, Edith könnte mir an der nächsten Station wieder davonfahren. Durch den zusätzlichen großen Zeitverlust in Carhaix-Plouguer hatte ich das Gefühl, ich würde relativ weit hinten liegen. Tatsächlich waren zu diesem Zeitpunkt nur Ferdinand und Bernd knapp vor mir. Als dritte Motivation kam hinzu, dass ich einfach das Bedürfnis hatte, mir den Frust von der Seele zu strampeln. Auf den folgenden Kilometern ließ ich jedenfalls trotz der Kniebeschwerden so richtig »die Kuh fliegen«. Es war eine der Phasen, die man auch als Endorphinrausch bezeichnet und die ich erst zweimal zuvor in meinem Leben hatte. In diesen Phasen kann der Körper Reserven mobilisieren, an die man sonst nicht herankommt. Diesem Hochgefühl voll nachzugeben ist aber nicht ganz ungefährlich. Es ist eine gewisse Gratwanderung. Wenn man diesem Hochgefühl voll nachgibt, kommt danach unweigerlich eine Tiefphase. Dies war mir absolut klar. Es war mir aber egal, da ich ohnehin nicht wusste, wie es weitergehen würde. Auf dem folgenden, 35 km langen Abschnitt fuhr ich mit 31,5 km/h das mit Abstand höchste Tempo bisher. Ich hatte das Gefühl, ich könnte fliegen und die Landschaft rauschte nur so an mir vorbei. Die anderen Radfahrer, an denen ich förmlich vorbeiflog, waren im Schnitt um 5–10 km/h langsamer. Mit diesem Tempo sah ich eine realistische Chance, Bernd und Ferdinand einzuholen. Ich versteifte mich auf die fixe Idee, wenn ich Ferdinand einhole, dann kann mir Edith in Loudéac nicht noch einmal davonfahren. Ich wusste nicht, wie viele Minuten sie vor mir lagen, aber ich schaute schon von weitem sehr genau auf die ständig neu vor mir auftauchenden Fahrer oder Gruppen. Das eine oder andere Mal meinte ich bereits, einen von ihnen erkannt zu haben, was sich jedoch jeweils als Irrtum herausstellte.

Im Laufe dieser vergeblichen Aufholjagd redete ich mir mehr und mehr ein, dass die beiden überhaupt nicht vor mir liegen könnten, da ich sie sonst schon hätte einholen müssen. Das logische Denken war in dieser Phase offensichtlich nicht meine Stärke. Irgendwann schob ich diese ganzen Gedanken an »Aufholen« und »Edith erreichen« einfach beiseite. Auch diese Dinge waren mir in zunehmendem Maße egal. Ich genoss einfach das Rad fahren als solches und das mehr als jemals zuvor in meinem Leben. Dieses körperliche Hochgefühl fing an, auf meine Psyche und meine Kniebeschwerden auszustrahlen. Ich spürte, dass Körper und Geist wieder langsam begannen, eine Einheit zu werden. Ich merkte zwar ab und zu an den Steigungen noch einen kurzen Schmerz, insgesamt war es aber durchaus erträglich. Sollte das, was bisher passiert war, mich tatsächlich daran hindern, bis Paris weiterzufahren? Langsam kamen mir immer größere Zweifel. Zweifel vor allem an meiner inneren Einstellung zu dieser Veranstaltung. War es das Nichterreichen meiner sportlichen Zielsetzung wert, alles einfach hinzuwerfen? War hier nicht vielleicht das Motto des Veranstalters doch das Wichtigste, das da lautet: »Ein Randonneur muss jederzeit davon überzeugt sein, dass aufgeben das Schlimmste ist, was überhaupt passieren kann.« Langsam wurde mir klar, dass ich aufhören musste, diese Veranstaltung noch weiter als Rennen zu betrachten. Im Grunde war ich sowieso nicht konsequent gewesen mit dieser Haltung. Diejenigen, die hier Rennen fuhren, hatten ein eigenes Begleitfahrzeug mit allem was dazugehörte. Hatte man das nicht, war man den äußeren Umständen einfach ausgesetzt und musste sich mit ihnen arrangieren.

Während ich solchen Gedanken nachhing und immer noch mit einem enormen Tempo durch die Gegend raste, fiel mir plötzlich auf, dass ich seit einiger Zeit keine anderen Radfahrer mehr überholt hatte. Ich nahm das Tempo deutlich zurück und schaute, ob ich an den Kreuzungen nicht die typischen Wegweiser finden könnte. Auch von denen war nichts mehr zu sehen. Ich fragte mich, ob diese Wegweiser denn bisher an den Kreuzungen aufgestellt waren, wenn es nur geradeaus ging. Ich war bereits so weit nach diesen Dingern gefahren, konnte diese Frage aber nicht sicher beantworten. Auf jeden Fall hatte ich den starken Verdacht, dass ich falsch gefahren war. Die Himmelsrichtung schien mir aber nach wie vor richtig zu sein. Zum Umdrehen hatte ich überhaupt keine Lust und ich sagte mir, »Fahr erst mal weiter bis zum nächsten markanten Punkt.« Die Gegend blieb aber ländlich und ab und zu zweigten kleine Straßen ohne jeden Wegweiser nach links und rechts ab. Irgendwann sah ich rechter Hand, etwas versetzt, ein kleines Häuschen, vor dem der Besitzer gerade mit Gartenarbeiten beschäftigt war. Ich fuhr zu diesem Haus hinunter und hielt vor dem Garten an. Ich versuchte auf Französisch zu fragen, ob dies die Route von Paris–Brest–Paris wäre und ob andere Radfahrer hier vorbeigekommen wären. Der gute Mann schien aber mit meiner Frage, nicht sehr viel anfangen zu können. Entweder hatte ich mich zu blöd ausgedrückt, oder er wusste überhaupt nichts von dieser Veranstaltung. Ich fragte ihn daraufhin ganz einfach, ob die Richtung, in die ich fuhr, die nach Paris wäre. Er bestätigte dies und ich entschloss mich, diese Richtung beizubehalten. Ich war mir zwar sicher, dass ich nicht mehr auf der offiziellen Route war, aber solange die Himmelsrichtung stimmte, müsste sich das irgendwie korrigieren lassen.

Ich fuhr weiter bis zur nächsten Ortschaft. Am Ortseingang traf ich einen Mann, der gerade sein Haus verließ und auf die Straße ging. Ich sprach ihn an und versuchte, auch ihm mein Problem auf Französisch darzulegen. Zur Unterstützung zog ich die Kopie der Routenbeschreibung heraus. Dieses Mal war ich wenigstens so schlau, nach der nächsten Station Loudéac zu fragen und nicht nach Paris. Denn diese Frage war ungefähr so intelligent und präzise gewesen, wie jemanden im Allgäu nach dem Weg nach Hamburg zu fragen. Mit Loudéac konnte der Mann etwas anfangen. Er erklärte mir, dass ich bis zur Ortschaft L'Hermitage geradeaus und dann rechts auf die Hauptstraße nach Loudéac abbiegen müsste. Ich meinte, das schon verstanden zu haben, aber irgendwie hörte der Mann nicht auf zu reden. Er erzählte noch irgendetwas von einem anderen Namen auf dem Ortsschild oder so. Ich bedankte mich bei ihm und fuhr in die beschriebene Richtung weiter. Tatsächlich überquerte ich kurze Zeit später auf einer Brücke die Hauptstraße, musste aber zunächst noch weiter geradeaus, da es hier noch keine Auffahrt gab. In der nächsten Ortschaft war die Richtung nach Loudéac angeschrieben. Auf einem zweiten Schild war sogar ein Radweg dorthin ausgewiesen. »So, da hast du ja noch mal Glück gehabt«, sagte ich mir. Ich entschloss mich, den Radweg zu nehmen, denn besonders eilig hatte ich es mittlerweile nicht mehr. Ich hatte meinen Humor wiedergefunden und mich amüsierte diese Situation – im Grunde alles, was in den letzten gut 35 Stunden passiert war. Ich hatte meine neue Einstellung endgültig verinnerlicht. Ich wollte nur noch in Paris ankommen, ganz egal in welcher Zeit.

Der Radweg ging noch ein Weilchen parallel zur Hauptstraße, dann zweigte er nach links in ein schönes Waldstück ab. Ob dies einen zusätzlichen Umweg im Vergleich zur Hauptstraße darstellte, war mir egal, ich folgte auf jeden Fall weiter dem Radweg. Kurze Zeit später begegnete mir eine kleine Gruppe von Radsportlern, die mich alle ziemlich komisch anschauten, denn sie erkannten wahrscheinlich an meiner Startnummer, dass ich Teilnehmer bei Paris–Brest–Paris war, aber hier auf der falschen Route unterwegs war. »Wenn die wüssten, was ich schon alles erlebt habe«, dachte ich mir und amüsierte mich immer mehr über diese komische Situation. Kurze Zeit später fiel mir plötzlich ein, dass auf dem Hinweg zwischen Loudéac und Carhaix-Plouguer eine Geheimkontrolle gewesen war. Wenn die immer noch dort war, dann war ich jetzt daran vorbeigefahren, durchfuhr es mich. Aber auch diese Erkenntnis konnte ich mittlerweile mit Humor ertragen. »Dann werde ich mich wohl in Loudéac bei den Rennkommissaren melden müssen«, dachte ich mir amüsiert. »Zur Not musst du halt zur Geheimkontrolle zurückfahren«, sagte ich mir.

Ein kurzes Stück ging der Radweg noch durch dieses schöne Waldstück, dann stieß er wieder auf die Hauptstraße. Ein weiterer Radweg war nicht ausgeschildert, daher folgte ich lieber dieser Hauptstraße. Auch hier begegnete mir noch mal eine Gruppe mit Radsportlern, die mich ebenfalls komisch anschauten und wahrscheinlich das Gleiche dachten wie die Radler zuvor. Auf dieser Straße war ziemlich starker Autoverkehr und kurze Zeit später wurde sie sogar vierspurig. Einer der Autofahrer hupte mich an und ich fragte mich, ob ich als Radfahrer überhaupt hier fahren dürfte. Ein Verbotsschild hatte ich nicht gesehen, es hätte mich aber auch nicht besonders interessiert. »Soll die Polizei nur kommen«, dachte ich mir. Nach weiteren 7 Kilometern erreichte ich den Stadtrand von Loudéac und die Straße wurde wieder zweispurig. Ich kam von Norden in die Stadt hinein. Ich hatte natürlich das Problem, die Kontrollstelle ausfindig zu machen, denn es gab aus dieser Richtung keine Wegweiser. Ich fuhr einfach nach Gefühl und fragte dann in der Innenstadt zwei Passanten, die mir den weiteren Weg beschrieben. Der war auch recht leicht zu finden. Irgendwann erkannte ich die Hauptstraße wieder. Als ich in diese einbog, sah ich schon den Auflauf von Begleitfahrzeugen und Helfern vor der Einfahrt zur Kontrollstelle. Durch meinen Umweg kam ich aus der falschen Richtung angefahren und der Ordner, der die Radfahrer einweisen sollte, staunte nicht schlecht, wo ich denn auf einmal her kam. Um 17.19 Uhr fuhr ich an der Kontrollstelle vor. Durch meinen etwa 5 Kilometer langen Umweg war ich seit Paris 794 Kilometer gefahren.

Zehnte Etappe: Loudéac–Tinténiac

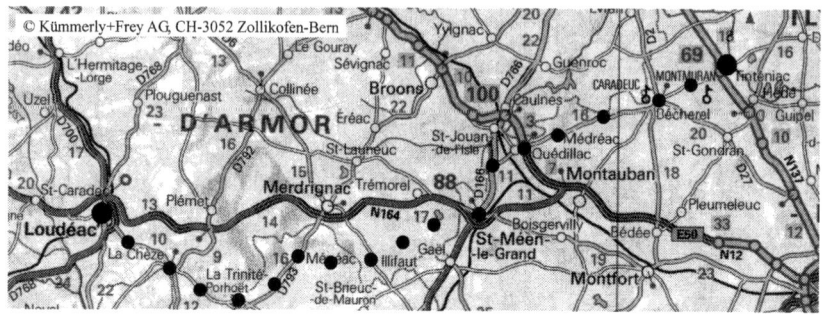

Beim Abstempeln meiner Kontrollkarte versuchte ich gleich, den Rennkommissaren mein Problem mit dem unfreiwilligen Umweg klarzumachen. Es gab aber wieder Verständigungsprobleme und ich fragte nach jemandem, der Englisch sprach. Es kam noch ein zweiter Offizieller hinzu und ich erklärte ihm auf Englisch, was mir passiert war. Er meinte, ich bräuchte mir keine Sorgen machen, es hätte auf dem zurückliegenden Abschnitt keine Geheimkontrolle gegeben. Soweit er informiert wäre, würde die nächste Geheimkontrolle erst auf dem kommenden Abschnitt erfolgen. Damit war die Sache also noch mal gut gegangen und ich musste nicht zurückfahren.

In dem Raum, wo die Kontrolle untergebracht war, war in einer Ecke auch gleichzeitig das Depot für die Taschen und Pakete der Teilnehmer vorgesehen. Ich hatte auf dem Hinweg zwei der Dosen mit der Flüssignahrung dort auf den Boden gestellt. Ich hatte sie in der aufgerissen Papierumwickelung belassen, die aber noch eindeutig mit meinem Namen und meiner Startnummer markiert gewesen war. Ich konnte mich noch erinnern, dass mein Paket direkt neben dem Rucksack von Hubertus stand. Dessen Rucksack war noch da, von meinen Dosen war aber nichts mehr zu sehen. Ich schaute noch alle anderen Sachen durch, meine Dosen waren aber nicht dabei. Ich fragte bei den Helfern nach, die mir aber letztlich nicht weiterhelfen konnten. Irgendjemand musste sich meine Flüssignahrung unter den Nagel gerissen haben. Daran gab es keinen Zweifel mehr. Schuld daran war vor allem der ungeeignete Ort dieses Depots. Die Sachen standen einfach offen herum und jeder lief unmittelbar daran vorbei. So konnten die Helfer natürlich nicht kontrollieren, ob sich dort nur die rechtmäßigen Besitzer bedienten. An den meisten anderen Kontrollstellen war dies wesentlich besser organisiert worden. Ich musste mich also mit dem Verlust abfinden. Ich entschloss mich, in die Kantine zu gehen, da mein Körper in jedem Falle eine ordentliche Kalorienzufuhr benötigte. Im Grunde war es ohnehin Zeit für eine warme Mahlzeit. Die letzte hatte ich am Abend vor dem Start zu mir genommen, was nun schon fast 48 Stunden her war. Da die meisten Kontrollstationen die Infrastruktur von großen Schulzentren nutzten, konnten dort oft Kantinen zur Verpflegung der Radfahrer genutzt werden. Wo dies nicht der Fall war, wurden entsprechende Möglichkeiten anderweitig organisiert. In jedem Falle konnten die Radfahrer überall rund um die Uhr eine warme Mahlzeit bekommen.

Im Gegensatz zur Hinfahrt war in der Kantine relativ wenig los, sodass es kein langes Anstehen in der Essensschlange gab. Ich hatte auf dem Hinweg an dieser Station schon mal kurz mit dem Gedanken gespielt, eine warme Mahlzeit zu mir zu nehmen. An diesem Abend war mir aber die Schlange zu lang gewesen. Ich kam gleich dran und wählte Huhn mit Nudeln und Tomatensalat. Die Qualität des Essens ließ leider sehr zu wünschen übrig. Ein Grund hierfür lag unter Umständen in der Tatsache begründet, dass das Essen rund um die Uhr bereitgestellt werden musste. Das Huhn war jedenfalls staubtrocken, die Nudeln schlabberig und der Tomatensalat wässerig, aber es tat trotzdem gut, wieder etwas Warmes im Magen zu spüren.

Nach dem Essen erledigte ich die üblichen Kleinigkeiten und fuhr danach zum Parkplatz für die Begleitfahrzeuge. Ich wollte Bescheid sagen, dass ich weiterfuhr, damit sich niemand wunderte, wo ich denn steckte. Margot, Ilka und Edith standen mit ihren Autos alle direkt nebeneinander. Ich teilte ihnen mit, dass ich Paris doch auf dem Fahrrad erreichen wollte und dass mir meine Endzeit mittlerweile egal wäre. Margot erzählte mir daraufhin, wohl auch zu meiner moralischen Unterstützung, dass Bruno es schon seit einiger Zeit genauso machte. Er hatte sich ausgiebig Schlaf gegönnt und hatte es auch sonst nicht mehr eilig. Ich erfuhr, dass er nur noch knapp vor mir lag, trotz seines 9-stündigen Vorsprungs durch die frühere Startzeit. Einer wie er tat sich natürlich auch leichter mit einer Änderung der inneren Einstellung. Mit zwei sechsten Plätzen bei RAAM brauchte er sich und der Welt nichts mehr zu beweisen.

Ich machte mich auf den Weg nach Tinténiac und merkte sehr schnell, dass ich auf diesem Abschnitt die Quittung für das Wahnsinnstempo direkt nach Carhaix-Plouguer präsentiert bekam. In dieser Phase hatte ich die Kohlenhydratspeicher des Körpers sehr stark angegriffen und weitgehend aufgezehrt. Der Blutzuckerspiegel war zwar noch nicht im kritischen Bereich, aber ich hatte deutlich das Bedürfnis, es langsamer angehen zu lassen. Bergab ließ ich es nur noch rollen. Ich nutzte diese Phasen, um meinen Allerwertesten etwas zu schonen, indem ich mich abwechselnd mit den Oberschenkeln auf dem Sattel abstützte. Ich wurde natürlich von einigen anderen Fahrern überholt, war aber keineswegs der Einzige, der in diesem Stil unterwegs war. Lange Zeit hatte ich ein und dieselben Fahrer vor mir. Wir waren nur 200–300 m voneinander getrennt. Trotzdem machte keiner Anstalten, sich zu einer Gruppe zusammenzuschließen. Bei einem Durchschnittstempo von nur knapp 24 km/h hätte das auch keine große Kraftersparnis gebracht. Mir war es ganz angenehm, alleine unterwegs zu sein. Körperlich fühlte ich mich ziemlich schlapp, trotzdem war ich noch in der Lage, die Landschaft zu genießen. Bei diesem niedrigen Tempo, insbesondere bei den Rollphasen bergab, konnte ich mich richtig darauf konzentrieren. Die Getreidefelder schimmerten goldbraun in der Abendsonne und die Weite der Landschaft wurde nur von ein paar kleineren Baumgruppen und einzelnen Bauernhöfen unterbrochen. Ich fühlte mich leicht und locker, hatte ich mich doch selber von dem Druck befreit, innerhalb von 55 Stunden nach Paris kommen zu wollen.

Etwa 25 km vor Tinténiac kam in Quédillac die Geheimkontrolle, von der ich bereits in Loudéac erfahren hatte. Ich nutzte den Stopp, um mein Gesäß bzw. die Sitzeinlage der Hose zum wiederholten Male mit der Spezialcreme einzuschmieren. Das brachte jeweils für einige Kilometer eine Erleichterung der Sitzbeschwerden. Ein italienischer Fahrer, der mir dabei zusah, fragte auf Englisch: »Problem?« Tapfer antwortete ich: »Not really. (Nicht wirklich.)« Aber wenn ich ehrlich war, wurde das Sitzen doch langsam zum Problem. Ich hatte immer häufiger das Gefühl, dass die Sitzeinlage der Radhose förmlich an der Haut festklebte und sich langsam mit ihr zu einer Einheit verband. Immer häufiger war ich kurz aus dem Sattel gegangen, um die Hose von der Haut wegzuziehen und die Sitzeinlage in eine geringfügig andere Position hinzuschieben. Das regelmäßige Eincremen konnte dieses Problem lindern, aber nicht beseitigen. Dem Italiener ging es jedenfalls nicht besser und er sagte noch: »But I have a problem. (Aber ich habe ein Problem.)«

Die nächsten Kilometer fuhr ich zunächst im gleichen Stil gemütlich weiter. Irgendwann überholte mich ein Tandem, das noch einige Einzelfahrer hinter sich »im Schlepptau« hatte. Diese Gruppe war nicht wesentlich schneller als ich. Da ich mich kräftemäßig mittlerweile wieder etwas erholt hatte, hängte ich mich zunächst mit an die Gruppe. Ein paar Kilometer konnte ich das Tempo mithalten, dann entschloss ich mich, doch lieber wieder mein eigenes Tempo zu fahren und ließ es abreißen. Es waren nur noch wenige Kilometer bis zur Kontrolle und es begann langsam die Dämmerung. Noch kurz vor Erreichen der Kontrolle musste ich meinen Halogenstrahler einschalten, um keine Zeitstrafe zu riskieren. Die Stirnlampe wollte ich aber erst für die folgende Etappe montieren. Um 21.50 Uhr erreichte ich nach 882 km die Kontrolle Tinténiac.

Elfte Etappe: Tinténiac–Fougères

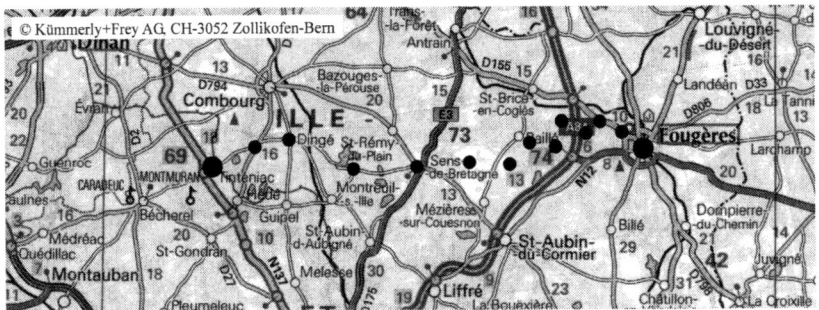

An dieser Kontrollstelle bekam ich wieder mein Paket mit der Flüssignahrung. Hier war die Aufbewahrung wesentlich besser als in Loudéac organisiert. Eine Helferin passte auf die Sachen auf und man musste sie explizit bitten, einem das eigene Paket auszuhändigen. Dabei konnte sie die Beschriftung des Paketes und die Startnummer des Teilnehmers auf Übereinstimmung überprüfen. Hatte ich in Loudéac gar nichts bekommen, so fand ich hier in meinem Paket sogar drei Dosen mit Flüssignahrung vor. Da die Etappe zwischen Fougères und Tinténiac nur knapp 60 Kilometer lang war, hatte ich auf dem Hinweg eine Dose weniger als geplant benötigt. Diese extra Dose konnte ich jetzt gut gebrauchen. Ich hatte mittlerweile wieder richtig Hunger. Obwohl ich erst an der Kontrolle zuvor warm gegessen und auch unterwegs regelmäßig die Kraftriegel zu mir genommen hatte, spürte ich ein richtiges Loch im Magen. Das war immer noch eine Folge des hohen Tempos nach Carhaix-Plouguer. Der Körper hatte danach auf die höchste Verbrennungsstufe geschaltet, um diesen Energieverlust auszugleichen. Ich entschloss mich, es nicht nur bei der Flüssignahrung zu belassen, sondern auch an dieser Station wieder etwas Warmes zu essen.

Auch hier gab es keine lange Schlange in der Kantine und ich bestellte mir ein Steak mit Kartoffelbrei und einer Suppe vorneweg. Die Qualität des Essens war aber noch miserabler als zuvor in Loudéac. Die Suppe war eine echte Beleidigung meiner Geschmacksnerven und die Hälfte davon ließ ich stehen. Das Steak war halb roh und so zäh wie die Sitzeinlage meiner Radhose. Ich sezierte eine Weile daran herum und ließ auch davon etwas liegen. Das einzig Brauchbare war der Kartoffelbrei.

Nach dem Essen musste ich wieder auf das stille Örtchen. Meine Verdauung funktionierte nach wie vor nicht ganz normal. Während ich über der nicht besonders einladenden Schüssel stand (hinzusetzen hätte ich mich nie gewagt), bollerte irgendjemand ständig gegen die Tür und versuchte sie aufzumachen. Ich dachte mir, »Was will der Idiot, nebenan sind noch drei Schüsseln frei.« Als ich nach einigen Minuten wieder herauskam, sah ich, dass der Hausmeister gerade mit dem Aufwischen des Bodens beschäftigt war. Er hatte offensichtlich gegen meine Tür gepoltert, weil er dort sauber machen wollte. Er sagte zu mir auf Französisch:»Je croiyais, que vous êtes morte. (Ich dachte schon, Sie wären da drin gestorben).« Ich grinste ihn nur an. Auf Französisch fiel mir dazu kein passender Kommentar ein.

Ich ging zu meinem Fahrrad und wollte mich langsam auf die zweite Nachtfahrt vorbereiten. Es war kurz vor 23.00 Uhr und ich war unbestreitbar müde. Wenn ich mich irgendwo hingelegt hätte, ich hätte zweifellos sofort einschlafen können. Meinen ursprünglichen Plan, auch die zweite Nacht durchzufahren, hatte ich längst aufgegeben. Ich nahm mir aber vor, zumindest noch die 60 Kilometer bis Fougères zu bewältigen. Motivation dafür war nicht mehr der Gedanke an meine Endzeit, sondern schlicht und einfach Neugier. Ich wollte für zukünftige Unternehmungen wissen, wie ich mit dem Schlafentzug klarkam und wie ich mich beim Rad fahren in der zweiten Nacht fühlte. Ich zog meine Ärmlinge und Beinlinge an und auch mein zweites Trikot. Ich hatte keine Eile und durch die Müdigkeit liefen meine Bewegungen sehr langsam ab. Irgendwann hatte ich auch, mit ungeschickten Händen, die Stirnlampe auf dem Helm fixiert. Somit war ich wieder startklar und ich rollte alleine in die Nacht hinaus.

Es war bereits merklich kühler geworden und ich musste mich nach der langen Pause von insgesamt 72 Minuten zunächst einmal wieder warm fahren. Mein Blutzuckerspiegel war nach dem warmen Essen und zwei Dosen Flüssignahrung wieder auf einem normalen Niveau, aber die Müdigkeit war der bestimmende und limitierende Faktor für die Geschwindigkeit. Es erforderte einiges an Überwindung und Konzentration, ein halbwegs vernünftiges Tempo aufrechtzuerhalten. Ein weiteres Problem waren die äußeren Bedingungen, denn es tauchten erste Nebelschwaden auf. Schnell wurde mir klar, dass diese Etappe die härteste von allen bisherigen werden würde.

Es waren relativ wenig andere Radfahrer unterwegs, aber ich nutzte das Auftauchen eines neuen Rücklichts vor mir jedes Mal als Motivations- und Orientierungshilfe. Ich versuchte, den Abstand kontinuierlich kleiner werden zu lassen. Nach dem Überholen konzentrierte ich mich darauf, das Licht hinter mir im gleichen Tempo entschwinden zu lassen. Eine Zeit lang tauchte gar kein anderer Radfahrer mehr vor mir auf und ich hatte immer größere Probleme, die Geschwindigkeit zu halten. Ich warf mit der Stirnlampe immer mal wieder einen Blick auf den Fahrradcomputer. Er speicherte zwar seit Carhaix-Plouguer nicht mehr alle Daten ab, zeigte aber noch alle aktuellen Werte an. Ich stellte fest, dass ich meinen Puls kaum noch über 120 Schläge pro Minute bekommen konnte. Als ich auf die Anzeige der Geschwindigkeit umschaltete, stellte ich fest, dass ich die meiste Zeit nur noch mit 22 km/h fuhr. Ich versuchte noch ein- oder zweimal, mich mit gesammelter Willensanstrengung zu einem höheren Tempo zu motivieren, musste aber feststellen, dass ich schnell wieder in das alte Tempo zurückfiel. »Schau lieber nicht mehr auf den Geschwindigkeitsmesser«, sagte ich mir, »das frustriert dich nur.«

Etwa 20 Kilometer nach Tinténiac wurde das Problem mit dem Nebel immer gravierender. Der Nebel war nicht homogen, aber es tauchten immer wieder dichte Nebelbänke auf. Einige Zeit später fuhr ich durch eines der vielen Fünf-Häuser-Dörfer namens Belle-Etoile. An dieses Dorf hätte ich mich normalerweise sicher nicht mehr erinnert, wenn nicht plötzlich aus der Dunkelheit links neben mir ein mehrstimmiges »Bon courage!« erschallt wäre. Es war jetzt etwa 0.15 Uhr und trotzdem saß eine ganze Familie vor ihrem Haus auf einer Bank, um die im großen Abstand voneinander vorbeikommenden Radfahrer anzufeuern. Das fand ich wirklich bemerkenswert und ich bedankte mich mit einem artigen »Merci« für diese moralische Unterstützung. In meinem jetzigen Zustand konnte ich diese Anfeuerung wirklich gut gebrauchen. Unmittelbar nach diesem Dorf tauchte ich wieder in eine Nebelbank ein und das Fahren wurde zu einem regelrechten Blindflug. An manchen Stellen musste ich sogar bremsen. In meinem Zustand traute ich mich nicht, schneller zu fahren. Meine Reaktionszeit war durch die Müdigkeit zu stark herabgesetzt. Ich fuhr mitten auf der Straße und leuchtete mit der Stirnlampe genau auf den Mittelstreifen. Besonders weit reichte der Lichtkegel ohnehin nicht, jetzt wurde er aber auch noch zum größten Teil vom Nebel reflektiert. Bei der Fixierung des kleinen Stückchens Mittelstreifen, das ich noch wahrnehmen konnte, musste ich feststellen, dass sowohl meine Lenkbewegung mit dem Fahrrad als auch die Kopfbewegung mit der Stirnlampe bereits einen leichten Schlingerkurs angenommen hatte. Das zusätzliche Gewicht der Stirnlampe lastete zentnerschwer auf meinem Kopf und ich spürte leichte Kopfschmerzen. Ich benötigte meine ganze Willensanstrengung, um den Kopf nicht nach vorne wegsacken zu lassen. Glücklicherweise brauchte ich mir um diese Uhrzeit wegen des Autoverkehrs auf dieser Nebenstraße keine großen Sorgen zu machen. Die größte Gefahr bestand darin, irgendwo in einer Kurve in den Graben zu fahren.

Etwa bei Kilometer 917, kurz nach dem Ort Sens-de-Bretagne, kam eine extreme Doppel-S-Kurve, die ich in dieser Ausprägung nicht erwartet hatte.

Die Straße machte an einer leicht abschüssigen Stelle fast eine volle 180°-Drehung. Ich benötigte hier auch die volle Breite der Gegenfahrbahn, um nicht im Graben zu landen. Nachdem ich mich gerade noch so auf der Straße gehalten hatte, dachte ich, »Jetzt wird es vielleicht doch langsam Zeit für ein kleines Nickerchen.« Bis Fougères musste ich aber in jedem Falle noch weiterfahren. Direkt anschließend drehte die jetzt ansteigende Straße wieder in die alte Richtung zurück. Kurz nach diesem Anstieg ließ der Nebel etwas nach und machte das Weiterfahren wieder etwas sicherer. Trotz meiner Müdigkeit war ich noch in der Lage, die schönen Seiten der Nachtfahrt wahrzunehmen. Es schien ein relativ voller Mond und die leichten Nebelschwaden sorgten in Verbindung mit dem Mondlicht für eine einzigartige und gespenstische Stimmung.

Etwa 10 Minuten später nahm ich plötzlich Fahrradlichter hinter mir wahr. Aus dem Augenwinkel schätzte ich die Gruppe auf drei Fahrer. Als sie langsam zu mir aufschlossen, bestätigte sich dies auch. Sie waren nur unwesentlich schneller als ich gefahren und sie hielten sich zunächst direkt hinter mir. Ich war durchaus froh, nicht mehr alleine unterwegs zu sein. Aus dem Gespräch der drei untereinander erkannte ich, dass es sich um drei Australier handelte. Auf einmal hatte ich das Gefühl, die Stimme von Malcolm erkannt zu haben. Ich drehte mich um und fragte einfach: »Is this Malcolm speaking? (Spricht dort Malcolm?)« Hinter mir verneinte jemand, aber neugierig geworden, ließ ich mich auf die gleiche Höhe mit den drei Australiern zurückfallen. Ich erklärte den Grund meiner Frage, als ich plötzlich erkannte, dass Cassie mit in dieser Gruppe war. Sie erkannte jetzt auch mich und wir freuten uns über das Wiedersehen. Cassie erzählte mir, dass sie, genauso wie ich, nur noch bis Fougères fahren wollten, um dort eine Schlafpause zu machen. Allerdings nur eine sehr kurze von etwa 1½–2 Stunden. So viel hatte sie auch bereits in Brest geschlafen. Dort musste ich sie trotz meiner fast zweistündigen Reparatur wohl auch überholt haben. Ich sagte ihr, ich wolle mir 4 Stunden gönnen, da ich bisher noch gar nicht geschlafen hatte und da mir meine Endzeit nicht mehr wichtig wäre.

Kurze Zeit später überquerten wir in dieser Vierergruppe die Autobahn Rennes–Avranches. Unmittelbar danach leitete uns ein Wegweiser von der Nebenstraße auf die Hauptstraße D155 nach Fougères. Jetzt konnte es nicht mehr weit sein bis zur Kontrollstelle. Irgendwann hatte ich mal einen Wegweiser nach Fougères mit der Kilometerangabe 23 gesehen. Dies kam mir aber schon wie eine halbe Ewigkeit vor. Ich fragte mich, ob die Route hier irgendwelche Umwege machte oder ob ich wirklich so langsam unterwegs war. Wir waren kaum einen Kilometer auf der Hauptstraße gefahren, als plötzlich hinter uns das laute Hupen eines Sattelschleppers zu hören war. Die beiden Australier vor mir fuhren nebeneinander und machten auch keine Anstalten, dies zu ändern. Die Straße war sehr breit und die Gegenfahrbahn komplett frei, daher konnte der Sattelschlepper problemlos vorbeifahren. Trotzdem hupte er wie wild weiter. Als er uns schließlich überholte, lehnte sich der Beifahrer aus dem Fenster und beschimpfte uns laut schreiend auf das Heftigste. Ich dachte, gleich hält er an und fängt mit uns eine Schlägerei an. Offensichtlich gab es auch im Radsport begeisterten Frankreich Leute mit etwas weniger Verständnis für diesen Sport. Cassie versuchte nach diesem Ereignis ihre zwei Landsmänner dazu zu bringen, hintereinander zu fahren, was ihr schließlich auch gelang. Kurze Zeit später erreichten wir den Stadtrand von Fougères und Wegweiser leiteten uns mitten durch die Stadt hindurch. An der nächtlichen Silhouette erkannte man, dass dies eine wunderschöne mittelalterliche Stadt war. Ich meinte zu Cassie, dass es eigentlich schade wäre, dass man gar keine Gelegenheit hatte, sich dies genauer anzuschauen bzw. dass einige von den 90-Stunden-Fahrern dies sogar tatsächlich machten. Nach einigen weiteren Kreisverkehren und einer Kreuzung, an der wir uns trotz des Wegweisers noch beinahe verfahren hätten, erreichten wir gegen 1.45 Uhr nach 942 Kilometern die Kontrollstelle von Fougères.

Zwölfte Etappe: Fougères–Villaines la Juhel

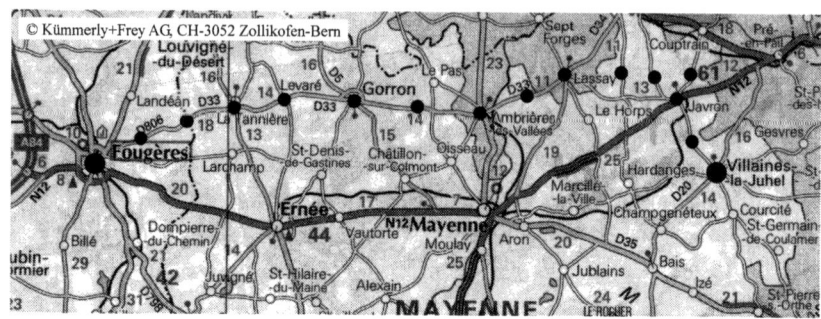

Wir fuhren bis vor die Turnhalle und gingen gemeinsam zur Kontrolle hinein. Es war angenehm ruhig hier. Es lagen nur knapp zehn Teilnehmer im hinteren Teil der Halle auf Gymnastikmatten und schliefen. Es war also eine gute Entscheidung, die Schlafpause hier zu machen. Ich war allerdings auch so müde, dass mich irgendwelcher Lärm wahrscheinlich nicht mehr vom Schlafen abgehalten hätte. Einer der Rennkommissare erklärte mir, dass ich die Uhrzeit, zu der ich geweckt werden wollte, auf einen kleinen Zettel schreiben sollte und diesen an das Fußende der Matte legen sollte, auf der ich schlief. Ich suchte mir eine freie Matte aus, setzte meinen Helm ab und zog meine Fahrradschuhe aus. Alle meine Bewegungen liefen unendlich langsam ab. Ich hatte das Gefühl, als würden auch meine Gedanken nur noch in Zeitlupe ablaufen. Ich hielt noch einen Moment inne, um mir dieser Situation ganz bewusst zu werden. Ich verspürte eine große Erleichterung und freute mich auf den lang ersehnten Schlaf. Es kam noch kurz ein weiterer Offizieller zu mir und fragte mich nach meiner gewünschten Weckzeit. Ich zeigte ihm einfach den Zettel, auf den ich 6.00 Uhr geschrieben hatte. Ich legte mich jetzt in voller Montur zum Schlafen hin. Genau so, wie ich vom Fahrrad gestiegen war, mit dem ganzen Schweiß und Dreck der letzten 942 Kilometer. Ich musste wohl schon stinken wie ein Bock, denn ich nahm den Schweißgeruch schon selber wahr. Das störte mich aber alles nicht im Geringsten. Es waren nur noch unwichtige Details. Ich zog meine noch frische Ersatzradhose aus der Trikottasche und legte sie mir als Kopfkissen hin. Die Regenjacke packte ich auch aus und benutzte sie zum Zudecken. Kurze Zeit später war ich im Reich der Träume. Irgendwann wachte ich noch mal kurz auf, als mir jemand eine Decke über meine Beine legte. Der Radfahrer neben mir war aufgestanden und dachte wohl, mir müsste kalt sein, da nur mein Oberkörper zugedeckt war. Das war aber gar nicht der Fall, da die Beinlinge ganz gut wärmten. Ich fand es trotzdem eine nette Geste von ihm und war sofort danach wieder eingeschlafen.

Irgendwann berührte mich eine Hand an der Schulter und schüttelte mich wach. Hätte mich unmittelbar jemand gefragt, wie viel Zeit zwischen Einschlafen und Aufwecken vergangen wäre, hätte ich sicher »Höchstens eine halbe Stunde« geantwortet. Statt dessen teilte mir der Helfer mit, dass es jetzt 6.45 Uhr wäre. Ich musste mich zunächst einmal gedanklich sortieren. »Wollte ich nicht um 6.00 Uhr geweckt werden?«, dachte ich. Doch, da war ich mir eigentlich noch sicher. Der Helfer merkte wohl, dass ich noch etwas »neben der Spur« war und sagte mir noch einmal die Uhrzeit. Jetzt realisierte ich die Sache erst richtig. Aber wen interessierten nach fast 1000 gefahrenen Kilometern noch 45 Minuten? Ich sagte: »Ce n'est pas grave. (Das ist nicht schlimm.)« Der Helfer dachte offensichtlich, ich hätte immer noch nicht verstanden, denn er wiederholte sich noch einmal und entschuldigte sich für das späte Aufwecken. Ich sagte noch einmal: »Ce n'est pas grave.« Ich erhob mich langsam von meiner Matte und machte die ersten wackeligen Schritte in Richtung Toilette. Das linke Knie spürte ich immer noch deutlich beim Gehen, es war aber kein richtig schlimmer Schmerz mehr. Auf der Toilette konnte ich feststellen, dass sich meine Verdauung langsam wieder normalisierte, wahrscheinlich weil ich am Abend zuvor einiges an natürlicher Nahrung gegessen hatte. Meine zwei Dosen Flüssignahrung holte ich mir anschließend trotzdem bei der Kontrolle ab. Danach ging ich zu meinem Fahrrad raus, um die Trinkflaschen zu holen und diese am Verpflegungsstand aufzufüllen. Ich überlegte dabei, ob ich danach gleich weiterfahren sollte oder ob ich mir zunächst einmal ein ausgiebiges Frühstück gönnen sollte.

Kaum trat ich aus der Halle heraus, traf ich Hubertus. Er war mehr oder weniger gerade erst angekommen. Die Freude darüber versetzte mir einen richtigen Adrenalinschub und machte mich schlagartig hellwach. Mein erster Gedanke war, dass das zu späte Aufwecken durch den Helfer wohl Vorsehung gewesen sein musste. Einen kurzen Moment ging mir sogar der Gedanke durch den Kopf, mich bei diesem Helfer dafür zu bedanken. Er hätte mich aber wahrscheinlich für verrückt erklärt oder gedacht, ich gehöre zu denen, die schon halluzinieren. Hubertus hatte in Tinténiac geschlafen und war dort recht früh wieder losgefahren. Ohne dass wir es aussprachen, war im Grunde klar, dass wir das letzte Viertel der Strecke gemeinsam fahren würden. Das war wirklich kurios. Wir waren mit sehr unterschiedlicher Taktik an den Start gegangen, hatten die unterschiedlichsten Dinge erlebt und waren jetzt doch wieder zusammen. Wir überlegten kurz, wie es weitergehen sollte und wir entschieden uns für das Weiterfahren und gegen das ausgiebige Frühstück.

Wir wollten beide nur noch die letzten Kleinigkeiten erledigen. Kurz nach 7.00 Uhr machten wir uns auf den Weg in Richtung Villaines la Juhel.

Ich war mir zunächst nicht ganz sicher, wie ich überhaupt »drauf« sein würde und ob ich mit Hubertus überhaupt würde mithalten können. Schließlich war ich auf der letzten Etappe nur noch mit etwa 22 km/h Durchschnittsgeschwindigkeit »herumgeeiert«. Aber es stellte sich schnell heraus, dass ich wieder zu alter Stärke und Geschwindigkeit zurückgefunden hatte. Die gut 4½ Stunden Schlaf hatten mir sehr gut getan. Hubertus und ich ergänzten uns optimal. Wir wechselten uns regelmäßig mit der Führungsarbeit ab. Dass wir beide auf dem gleichen Leistungsniveau fuhren, war im Grunde nicht erstaunlich. Wir hatten beide ein vom Umfang vergleichbares Trainingsprogramm absolviert. Außerdem gehören wir beide zur Kategorie der leichtgewichtigen Fahrer. Bei den enormen Höhenmetern, die zu bewältigen waren, hatten wir dadurch einen Vorteil gegenüber den meisten anderen Fahrern.

Einige Kilometer nach Fougères hielten wir noch mal kurz an, weil Hubertus sich seiner warmen Weste entledigen wollte. Ich behielt meine langen Sachen zunächst noch an, da es an diesem frühen Morgen bewölkt und nicht übermäßig warm war. Danach ging es aber gleich weiter und wir waren wieder diejenigen, die überholten und nicht die, die überholt wurden. Die Fahrer, die wir passierten, waren bunt gemischt aus allen Startgruppen. Die meisten hatten rote und grüne Startnummern, waren also 9 bzw. 7 Stunden vor uns gestartet. Ab und zu war auch mal einer mit blauer Nummer aus unserer Gruppe dabei.

Wir erreichten nach weiteren 40 Kilometern den Ort Ambrières-les-Vallées, der mir schon auf der Hinfahrt als besonders hübsch aufgefallen war. Außerdem erinnerte ich mich daran, wie ich hier zuletzt Gerry getroffen hatte. In der Ortsmitte sahen wir einige Radfahrer, die in einem netten Straßencafé frühstückten. Wir fuhren aber daran vorbei und nahmen einen längeren Anstieg in Angriff, der aus dem Ort herausführte. Ich hatte nach wie vor das Problem, dass ich wegen des Knies nicht im Stehen fahren konnte. Kräftemäßig war das kein Problem, die Steigungen im Sitzen zu bewältigen, aber ich konnte dabei meinem Hintern keinerlei Schonung gönnen. Meine Sitzbeschwerden waren mittlerweile ziemlich heftig. Hubertus ging es im Prinzip nicht viel besser, aber er meinte, ein Wechsel der Radhose hätte die Situation bei ihm etwas verbessert. Ich nahm mir vor, an der nächsten Station auch die Hose zu wechseln. Das hätte ich wahrscheinlich schon in Fougères machen sollen.

Einige Kilometer später schaute Hubertus auf seinen Kilometerzähler und meinte, dass wir uns der 1000-km-Marke näherten. Mein Computer zeigte die laufenden Kilometer schon lange nicht mehr an, da sich das Gerät nach 24 Stunden im Aufzeichnungsmodus automatisch abschaltete. Beim Neustart wurden alle Tageswerte wieder auf Null gesetzt. Außerdem hatte ich seit Loudéac den Aufzeichnungsmodus gar nicht mehr benutzt. Der Ringspeicher bot ohnehin nur Platz für 54 Stunden und an dieser Marke waren wir mittlerweile ziemlich nah dran. Ich konnte meine genauen Daten erst mit Hilfe der späteren Computerauswertung ermitteln bzw. für das letzte Viertel teilweise auch nur mit Hilfe der Daten von Hubertus. Er zählte jetzt den Countdown seiner Kilometeranzeige herunter. Irgendwie war es ein schönes Gefühl, 1000 km »im Sack« zu haben. Für mich mussten es schon etwa 1009 km gewesen sein, unter Berücksichtigung der Umwege, die ich gefahren war.

Kurz vor Erreichen der Kontrolle in Villaines la Juhel meinte Hubertus, er hätte Hunger und er schlug vor, an dieser Station eine warme Mahlzeit zu sich zu nehmen. Da ich außer Kraftriegeln und Flüssignahrung auch noch nicht richtig gefrühstückt hatte, gefiel mir diese Idee sehr gut. Als wir die Kontrolle schließlich bei Kilometer 1025 erreichten, war es kurz vor 11.00 Uhr, sodass die kommende Mahlzeit schon eher einem Mittagessen gleich kam.

Dreizehnte Etappe: Villaines la Juhel–Mortagne au Perche

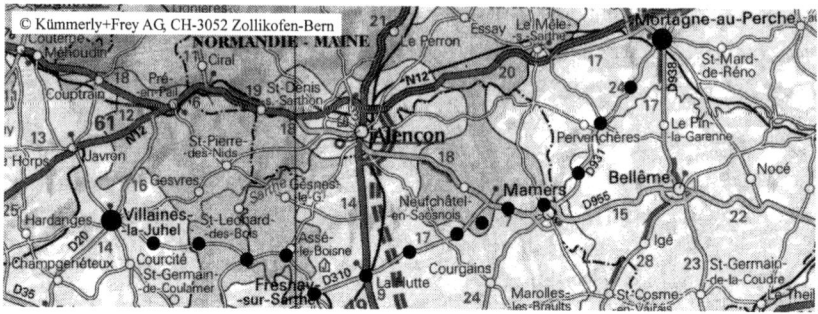

Als Erstes wechselte ich an dieser Station meine Radhose und trug somit das offizielle österreichische Modell für P–B–P 1999. Sie fühlte sich gleich viel angenehmer an als die alte verschwitzte. Ich fühlte mich darin fast wie neugeboren. Faszinierend wie man sich über solche Kleinigkeiten freuen konnte. Bei dieser Veranstaltung wurde der Mensch eben auf seine Grundbedürfnisse reduziert.

Hubertus war schon zum Verpflegungsstand hinübergegangen und ich kam nach. Es gab keine Kantine, aber was sie hier anderweitig organisiert hatten, sah recht viel versprechend aus. Das Geschnetzelte mit Möhren und Kartoffelbrei stellte sich auch als das bisher mit Abstand beste Essen heraus. Es waren nur relativ wenige Plätze in der großen Turnhalle besetzt, die als Speisesaal diente. Der große Ansturm stand dieser Station erst noch bevor.

Nach dem Essen machten wir uns wieder startklar. Kurz bevor wir losfahren wollten, sahen wir auf einmal Malcolm, wie er gerade an die Station vorfuhr. Wir begrüßten uns und tauschten noch auf die Schnelle einige der Abenteuer aus, die wir beide schon erlebt hatten. Ich berichtete unter anderem von Cassie, mit der ich kurz vor Fougères noch gemeinsam unterwegs war. Malcolm meinte, sie würde wohl in der Größenordnung von 60 Stunden ins Ziel kommen. Mit dieser Zeit würde sie in der Frauenwertung ganz weit vorne liegen. Tatsächlich belegte sie in der Endabrechnung dann Platz 5 mit einer Zeit von 60h14m. Ich erzählte Malcolm noch, dass ich mittlerweile aufgehört hatte, auf Zeit zu fahren und dass Hubertus und ich uns gerade ein warmes Mittagessen gegönnt hatten. Wir wünschten uns gegenseitig weiterhin alles Gute und verabschiedeten uns.

Hubertus und ich fuhren weiter, doch nach wenigen Kilometern merkte ich, dass mir meine langen Sachen zu warm wurden. Die Sonne war mittlerweile wieder herausgekommen. Eigentlich war dies schon an der Kontrollstation absehbar gewesen. So mussten wir eben noch mal halten. Nach dem Ausziehen der Sachen musste ich mich wieder mit Sonnenmilch eincremen, da ich immer noch Sonnenbrand hatte. Nach einigen Minuten konnte es aber endgültig weitergehen. Das warme Essen hatte uns beiden gut getan und wir kamen sehr flott voran. Trotz der warmen Mahlzeit nahm ich auch weiterhin ziemlich regelmäßig meine Kraftriegel und die Flüssignahrung zu mir. Bei den Riegeln wunderte ich mich schon fast, dass ich diese auch am dritten Tag hintereinander immer noch herunterbekam. Durch diese Energiezufuhr fühlte ich mich wieder bärenstark. Es war fast schon ein ähnliches Hochgefühl wie nach Carhaix-Plouguer. Die Strecke wies einige sehr lange Geraden auf, die im ganz leicht hügeligen Gelände hervorragend zum Tempo machen geeignet waren. Es machte einfach enormen Spaß, hier richtig Gas zu geben. Zur Unterstützung hatten wir auch noch einen schönen Rückenwind, sodass die Bedingungen geradezu ideal waren. Auf einer dieser leicht abschüssigen Geraden gab ich richtig Gas. Als der Geschwindigkeitsmesser 52 km/h anzeigte, drehte ich mich zur Sicherheit um, ob Hubertus noch hinter mir wäre. Das war er natürlich und ich sagte zu ihm, dass ich mich absolut super fühlte. Ihm ging es auch gut, aber er ermahnte mich, es nicht zu übertreiben. Er hatte absolut Recht. So einen »Durchhänger« wie zwischen Loudéac und Tinténiac wollte ich nicht noch einmal haben. Wir überholten auch so schon kontinuierlich und recht zügig die anderen Fahrer.

Nach Mamers zweigte die Route auf eine schmalere Nebenstraße ab. Diese war zwar wunderschön und führte immer mal wieder durch herrliche Mischwälder, aber der Belag war sehr rau. Nach einigen Kilometern machte uns das ziemlich zu schaffen. Diese kleinen aber permanenten Erschütterungen verschlimmerten die Sitzbeschwerden wieder, die nach dem Wechsel der Hose zunächst etwas besser geworden waren. Auch mit der rechten Hand hatte ich mittlerweile ein Problem. Der rechte Handballen fühlte sich ziemlich taub an. Außerdem wurden die Finger kraftlos. Ich hatte schon etwas Probleme, die Schalthebel meiner integrierten Schalt-/Bremsgriffkombination am Lenker zu bedienen. Hubertus klagte neben seinem Hintern vor allem über seine Fußballen. Damit hatte ich keine Probleme. Dies lag an den orthopädischen Einlagen, die ich trug und die ich mir schon vorsorglich im Frühjahr hatte anpassen lassen. Ich gab Hubertus den Tipp, dies in Zukunft auch zu versuchen, da ich wusste, dass dies sehr viele Extremradfahrer taten.

Kurze Zeit später fuhren wir an einem Radfahrer vorbei, der im Straßengraben saß und einen sehr schlechten Eindruck machte. Er wirkte vollkommen erschöpft und desorientiert. Zwei Passanten schienen sich um ihn zu kümmern. Vielleicht war er aber auch nur dehydriert. Dagegen jedenfalls waren unsere Wehwehchen nur Kleinigkeiten. Auch zuvor hatten wir schon einmal einen vollkommen erschöpften und übermüdeten Radfahrer gesehen, der neben seinem im Graben liegenden Fahrrad stand und umhertorkelte. Er konnte sich kaum noch aufrecht halten. Ansonsten hatten wir auf diesem Abschnitt wieder mehrfach Fahrer gesehen, die einfach neben ihrem Fahrrad im Graben lagen und schliefen. Einige davon hatten wahrscheinlich versucht, um jeden Preis durchzufahren und ganz ohne Schlaf auszukommen. Ab einem gewissen Punkt macht es aber keinen Sinn mehr, weiterfahren zu wollen. Bevor man vom Rad kippt, muss man dem Körper Schlaf gönnen. Von diesem Punkt war ich aber auch in der Nacht zuvor noch relativ weit entfernt gewesen.

Mittlerweile näherten wir uns langsam der nächsten Kontrolle in Mortagne au Perche. Die Hügel waren schon seit einiger Zeit wieder etwas ausgeprägter geworden. An einer dieser Steigungen hatten Kinder eine der zahlreichen privaten Verpflegungsstationen organisiert. Da es mittlerweile richtig heiß geworden war, griff ich dankbar während des langsamen Fahrens nach einer der Wasserflaschen, die mir eine Junge reichte. Zu trinken hatte ich noch genug, ich goss mir aber einen ordentlichen Schwall über den Kopf. Das Wasser lief durch die Lüftungsschlitze des Helmes an Gesicht und Rücken herunter und ich genoss die kühlende Wirkung. Der Junge lief dabei begeistert neben mir her und ich gab ihm die noch gut halbvolle Flasche dankend zurück, damit er weitere Radfahrer damit erfreuen konnte.

Wenige Kilometer später erreichten wir den letzten langen Anstieg nach Mortagne au Perche. Dieser Ort war wirklich fantastisch gelegen und er dominierte mit seiner exponierten Lage auf einem Bergrücken die ganze Umgebung. Als wir diesen Bergrücken fast erklommen hatten, tauchte auch das Ortsschild schon auf und ein Helfer leitete uns nach links eine kurze Rampe hinauf. Diese hatte mindestens 15% Steigung und war mit Sicherheit das steilste Stück der gesamten Strecke zwischen Paris und Brest. Um 15.00 Uhr hatten wir nach 1106 km auch dieses Stück geschafft.

Vierzehnte Etappe: Mortagne au Perche–Nogent le Roi

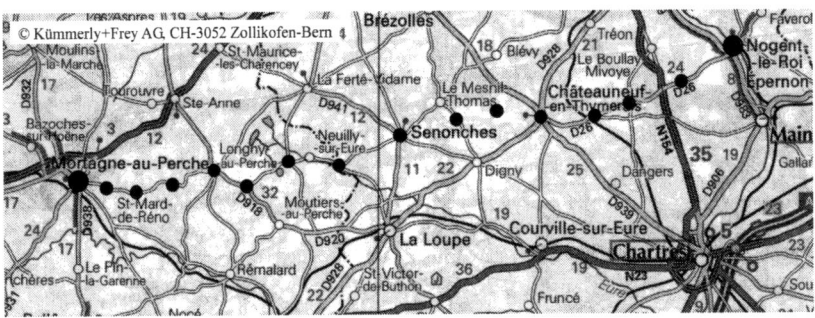

Nachdem Hubertus und ich die üblichen Dinge erledigt hatten, gingen wir noch bei den Begleitfahrzeugen vorbei. Wir trafen dort Franz, der neben seinem Begleitfahrzeug auf einer Isoliermatte saß und aß. Er sah angeschlagen und müde aus. Er erzählte uns, dass er versucht hatte, in der zweiten Nacht ganz ohne Schlaf auszukommen. Er hatte zuvor nur in Brest 1½ Stunden geschlafen. Um 4.00 Uhr in der zweiten Nacht war er nur noch mit 10 km/h vorwärts gekommen. Er war kurz davor gewesen, vom Rad zu kippen. Dann hatte er eingesehen, dass er noch mal schlafen musste. Er hatte sich aber wieder nur 1½ Stunden gegönnt. Er zeigte uns seine Hände. Die Druckstellen an den Handballen waren schon äußerlich deutlich zu erkennen. Seine Hände mussten sich noch wesentlich schlechter anfühlen als meine. Bevor wir uns voneinander verabschiedeten, kam Sissi noch mit einer Salbe zu mir. Sie hatte offensichtlich von meinen Kniebeschwerden erfahren und schmierte mir mein linkes Knie mit diesem kühlenden Gel ein, ohne dass ich darum gebeten hatte. Dieses Gel verursachte im ersten Moment ein leichtes Brennen auf der Haut, dann stellte sich aber eine angenehm kühlende Wirkung ein. Sie gab mir die ganze Tube zum Nachschmieren mit. Sie war ein echter Schatz.

Hubertus und ich machten uns wieder auf den Weg. Die Route führte uns weiterhin durch sehr schöne Waldgebiete. Nach einer längeren Abfahrt tauchten plötzlich einige Fahrzeuge mit Blinklicht vor uns auf, die am Beginn einer Waldlichtung standen. Zunächst dachte ich von weitem, es wären Krankenwagen. Dann erkannte ich aber, dass es sich um Baustellenfahrzeuge handelte. Ehe ich noch richtig bremsen konnte, wechselte plötzlich der Straßenbelag in dramatischer Art und Weise. Diese Straßenbaukolonne hatte diesen Abschnitt frisch geteert und mit einer dicken Schicht Rollsplitt überzogen. Ich hatte noch gut 40 km/h drauf und traute mich nicht zu bremsen,

91

denn die Räder hätten zu schnell blockieren können. Ein Sturz hätte bei diesem Belag üble Folgen gehabt. Ich verfluchte diese Baukolonne, dass sie nicht noch einen Tag mit diesen Arbeiten gewartet hatte. Es war mit Sicherheit kein Geheimnis, dass hier noch über 3000 Radfahrer durch mussten. Später erfuhr ich von Ferdinand, dass er sogar 20 Minuten hatte warten müssen, wegen Totalsperrung der Straße. Nach der Waldlichtung ging es auch den nächsten Anstieg auf diesem Belag weiter und wir hofften, keinen Reifendefekt zu bekommen. Nach gut einem weiteren Kilometer hatten wir aber auch diesen Abschnitt heil überstanden.

Im weiteren Verlauf der Strecke ging die bewaldete Hügellandschaft immer mehr in ein offenes Gelände über, das auch etwas flacher wurde. Hier konnte der Wind ungehindert aufdrehen. Der Rückenwind, den wir schon einige Zeit hinter uns gespürt hatten, wurde immer kräftiger. Ich mochte gar nicht daran denken, wie wir uns gefühlt hätten, wenn wir so einen Wind nach dieser Distanz gegen uns gehabt hätten. Kurz vor Nogent le Roi überholten wir zwei italienische Fahrer, die sich uns anschlossen. Auf den letzten, nun fast ebenen Kilometern drehte der Wind voll auf und wir flogen in dieser kleinen Gruppe mit einem spektakulären Tempo förmlich in die Stadt Nogent le Roi hinein. Um 18.14 Uhr erreichten wir nach 1188 km die letzte Kontrolle vor Paris.

Fünfzehnte Etappe: Nogent le Roi–Paris

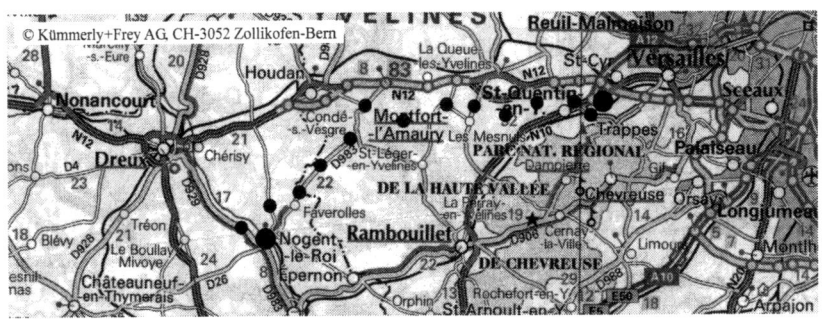

Beim Abstempeln meiner Kontrollkarte sorgte mein Trikot für größeres Aufsehen. Auf diesem war ein Skelett auf einem Mountain-Bike abgebildet und auf den Ärmeln stand »Longest ride«, sowie auf der Rückseite »Ride ´til yer fried. (Fahr, bis du gebraten bist.)« Da ich auch einen Sinn für schwarzen Humor habe, fand ich dieses Trikot recht passend für diese Veranstaltung. Eine der Damen an der Kontrolle sah das offensichtlich genauso, jedenfalls rief sie erstaunt: »Ah, le squelette!« Hubertus war schon kurz vor mir bei der Kontrolle gewesen. Als ich wieder draußen bei den Fahrrädern war, erzählte ich ihm von den Reaktionen auf mein Trikot. Er meinte, das wäre bei ihm ganz ähnlich gewesen, denn auch er trug ein außergewöhnliches Trikot. Er hatte im Sommer in Kalifornien einen der härtesten Ein-Tages-Radmarathons überhaupt bestritten, den sogenannten »Terrible Two«. Dieser Radmarathon geht über 200 Meilen (320 km), weist 4800 Höhenmeter auf und das bei längeren Steigungen zwischen 18 und 20 Prozent. Jeder, der diesen Marathon im Zeitlimit bewältigt, darf sich das entsprechende »Terrible Two«-Trikot kaufen. Dieses zeigt unter anderem einen großen Totenkopf auf der Vorderseite. Wir passten also auch vom Trikot her sehr gut zueinander.

Als ich von der Toilette zurückkam, stand plötzlich Bruno da, der sich schon angeregt mit Hubertus unterhielt. Ich freute mich sehr, ihn zu sehen. Für Bruno empfinde ich genauso viel Respekt und Bewunderung wie für Gerry. Bruno gehört zu den besten Europäern, die jemals Race Across America gefahren sind. Wenn man mit ihm zusammen ist, kann man immer etwas dazulernen. Außerdem hat er eine sehr lockere, sympathische Art und er hat immer lustige Geschichten auf Lager. Wir begrüßten uns und tauschten zu dritt einige unserer Abenteuer aus. Bruno erzählte uns, dass er sich ausgiebig Schlaf gegönnt hatte, an einer Station sogar volle 8 Stunden. Das erklärte auch, warum Hubertus und ich seinen neunstündigen Vorsprung eingeholt hatten. Ich wusste bereits von Margot, dass er, genauso wie ich, ab einem gewissen Punkt aufgehört hatte, gegen die Uhr zu fahren. Wir erfuhren jetzt einige der Einzelheiten dazu. Er war eigentlich mit dem Ziel angetreten, eine Zeit von 50 Stunden zu fahren. Prinzipiell war er zweifellos dazu in der Lage, auch wenn er nicht mehr so gut in Form war wie zu Zeiten seiner Teilnahmen bei Race Across America. Schwierig wurde so eine Zeit allerdings, wenn man kein eigenes Begleitfahrzeug hatte. Er hatte sich in der Anfangsphase an die Hinterräder einer absoluten Spitzengruppe angehängt. An den Kontrollstationen hatte er jeweils maximal 5 Minuten Zeit, um die Karte abstempeln zu lassen, noch kurz auf die Toilette zu stürzen und um die Trinkflaschen aufzufüllen. Nur so konnte er sicherstellen, weiterhin an der schnellen Gruppe dranzubleiben. Ohne Begleitfahrzeug hatte er aber nicht genug zu essen dabei und irgendwann waren seine Kohlenhydratspeicher vollkommen leer gefahren. Er hatte einen richtigen »Hungerast[9]« gehabt und musste an einer Station 1½ Stunden pausieren, um seinen Blutzuckerspiegel zu regenerieren. Er hatte hoch gepokert und knapp verloren. Danach hatte er beschlossen, nur noch zum Spaß weiterzufahren. Jemand, der auf zwei sechste Plätze bei RAAM zurückblicken kann, hat sicher die nötige Gelassenheit für solch einen Entschluss.

Ich ging kurz in die Halle hinein, um meine Trinkflaschen für die letzte Etappe aufzufüllen. Bruno fuhr unterdessen alleine los. Er meinte, Hubertus und ich würden ihn ohnehin bald einholen. Fünf Minuten später starteten auch Hubertus und ich wieder.

Die Route unmittelbar nach Nogent le Roi machte noch ein paar kleinere Umwege, was man auch daran merkte, dass wir ab und zu nicht mehr genau nach Osten fuhren. In diesen Phasen blies der Wind gnadenlos von der Seite. Nach einigen Kilometern kamen wir auf eine etwas größere Straße, die nun fast kerzengerade nach Osten führte. An der ersten Steigung tauchte plötzlich Bruno vor uns auf. Ich hatte schon leichte Zweifel, ob wir ihn tatsächlich einholen würden, aber er schien in gewisser Weise auf uns gewartet zu haben. An dieser Steigung hatte ich auch seit längerer Zeit mal wieder versucht, im Stehen zu fahren. Zu meiner Überraschung ging das fast wieder schmerzfrei. Die Salbe von Sissi musste irgendwie gewirkt haben. In Carhaix-Plouguer hatte ich an diese Möglichkeit gar nicht glauben wollen.
An der unmittelbar folgenden Kuppe erblickten wir eine Straße vor uns, die förmlich einer Achterbahn glich. Sie war kerzengerade und erinnerte mich diesbezüglich schon fast an die Straßen in Texas, nur mit dem Unterschied

---

[9] Bezeichnung unter Radsportlern für das Gefühl, das sich nach dem vollständigen Verbrauch der körpereigenen Kohlenhydratreserven einstellt. Schwächegefühl und Heißhunger sind die wesentlichen Symptome.

der extremen Welligkeit. Diese Strecke lud geradezu dazu ein, ein bisschen mehr aufs Tempo zu drücken. Wir wechselten uns mit der Führungsarbeit ab und kamen flott voran.

Nach Gambais wechselte das Streckenprofil wieder und wir fuhren auf kurvenreicher Strecke durch ein schönes Waldgebiet. Ich konnte mich von der Hinfahrt noch gut an diesen Abschnitt erinnern. Wir fuhren nicht mehr sehr schnell. Genau genommen bummelten wir richtig. Die meiste Zeit fuhren wir nebeneinander her und unterhielten uns. Wir hatten viel Spaß daran, uns weiterhin unsere Abenteuer zu erzählen und die schöne Landschaft zu genießen. Einige Fahrer überholten uns und Bruno rief irgendwann zum Spaß einem dieser Fahrer hinterher: »Trop vite! (Zu schnell!)« Dieser schaute uns nur komisch an. Wir schauten zum Spaß auch auf die Startnummern der Fahrer, die uns überholten. Ich meinte, bisher wären das alles nur Fahrer mit roter und grüner Nummer aus den ersten beiden Startgruppen gewesen. Die stellten wegen der großen Zeitdifferenz von 7 bzw. 9 Stunden keine Gefahr für die Platzierung von Hubertus und mir dar. Bruno meinte witzelnd, das wären aber direkte Konkurrenten von ihm. Bruno machte sich auch irgendwie einen Spaß daraus, alle Steigungen mit dem großen Kettenblatt durchzutreten. An den Anstiegen ächzte sein Fahrradrahmen förmlich unter dieser Belastung. Hubertus und ich staunten nur über seine gewaltige Kraft, mit der er die Steigungen durchdrückte.

Nach einigen weiteren Kilometern merkte man, dass die Sonne langsam am Horizont verschwand. Es machte sich bei mir eine allgemeine Zufriedenheit breit. Da es auf die Zeit nicht mehr ankam, konnte ich mich einfach schon an dem bisher Geleisteten und Erlebten erfreuen und an der Gewissheit, das Ziel zu erreichen. Zusammen mit Hubertus und Bruno unterwegs zu sein, die wahrscheinlich ähnlich fühlten, empfand ich als krönenden Abschluss dieser Unternehmung. Geteilte Freude ist eben doppelte Freude. Wir rechneten uns aus, dass wir ziemlich genau mit Einbruch der Dunkelheit ankommen würden. Hubertus und ich waren sehr zufrieden, dass wir die späte Startzeit um 5.00 Uhr gewählt hatten. So wie wir unterwegs waren, würden wir ziemlich genau drei Tage und zwei Nächte benötigen. Dadurch hatten wir die Nachtfahrten minimieren können. Bruno meinte, er würde das nächste Mal auch nicht mehr um 20.00 Uhr starten, sondern um 5.00 Uhr. Er erzählte uns, wie chaotisch es in der Anfangsphase der ersten Startgruppe zugegangen war. Es wurde dort gefahren, als ob nach 50 Kilometern schon der Zielstrich wäre. Die Kreisverkehre wurden wie bei der Tour de France von den Fahrern in beiden Richtungen umfahren, nur mit dem Unterschied, dass hier die Straßen nicht abgesperrt waren. Der Pulk der Fahrer war am Anfang so dicht gedrängt, dass beim kleinsten Bremsmanöver eines Fahrers gleich die ganze

Meute in die Eisen steigen musste. Dadurch kam an den vielen Engstellen und Kurven oft der ganze Radfahrerpulk zu einem kompletten Stillstand. In der 5.00 Uhr-Startgruppe ging es dagegen vergleichsweise gesittet zu.

Kurze Zeit später erreichten wir ein großes Schild auf dem Saint-Quentin-en-Yvelines stand. Ich dachte schon, es wäre das Ortsschild und jubilierte, aber die anderen meinten, das wäre nur das Schild, das den entsprechenden Großraum bezeichnete. Ein paar Kilometer hätten wir schon noch vor uns, bis zum Ziel in der Teilgemeinde Guyancourt. Das bestätigte sich auch, aber kurze Zeit später kam mir die Gegend wieder ziemlich bekannt vor. Ich erkannte diesen Abschnitt vom Prolog wieder. Wir waren wirklich nur noch wenige Kilometer vom Ziel entfernt, aber es wurde mittlerweile dunkel. Wir wollten zur Sicherheit noch mal die Lampen und die Reflektorwesten anlegen. Meine Stirnlampe wollte ich nicht mehr montieren, sondern begnügte mich mit dem Halogenstrahler. Meinen reflektierenden Gürtel trug ich ohnehin ständig. Ich wartete auf die anderen beiden, bis sie ihre Sachen angelegt hatten. Bruno meinte noch im Spaß, er dürfte sich jetzt keine Zeitstrafe wegen Regelverstoßes mehr leisten, sonst könnte er noch aus seinem Zeitlimit von 80 Stunden herausfallen.

Ziel

Die Route führte uns etwas anders wie bei der Hinfahrt in die Stadt hinein und plötzlich tauchte vor uns das Ortsschild von Trappes auf. Wir fuhren kurz danach sogar unmittelbar an unserem Hotel vorbei. Hubertus machte zum Spaß den Vorschlag, wir könnten doch die Fahrräder schon mal hier abstellen und das Auto nehmen. Irgendwie war das schon sehr verlockend, die lang ersehnte Dusche und das lang ersehnte Bett so nahe zu wissen. Aber ein paar Kilometer mussten wir uns noch zusammenreißen. Die Route nahm auch jetzt noch nicht den direktesten Weg zum Ziel, sondern machte einen kleinen Umweg durch die Teilgemeinde Montigny le Bretonneux. Nach weiteren vier bis fünf Kilometern bogen wir aber schließlich auf die uns vertraute Hauptstraße von Guyancourt ein. Die Idee von diesem abschließenden Zickzack-Kurs durch die Teilgemeinden von Saint-Quentin-en-Yvelines war wahrscheinlich die, dass die Bewohner aller Teilgemeinden auf einem möglichst langen Abschnitt Gelegenheit haben sollten, die Fahrer zu sehen. Bisher waren wir aber nur an ganz vereinzelten Zuschauern vorbeigefahren. Bruno meinte lakonisch: »Das interessiert keinen Hasen mehr, wer hier 20 bzw. 29 Stunden nach den Siegern noch das Ziel erreicht.« Von welchem Zuschauer wollte man auch erwarten, hier mehrere Stunden auszuharren. Wir erreichten den vorletzten Kreisverkehr vor dem Ziel. Ich war sehr gespannt, was uns dort erwarten würde. In meiner Fantasie und in meinen Träumen hatte ich mir diesen Moment schon unzählige Male vor Augen geführt. Der Moment, wo die innere Befriedigung und das Wissen, es geschafft zu haben, alle Schmerzen beiseite schiebt. In diesen Träumen war ich zwar bis zum Schluss »Rennen« gefahren, aber dass dies jetzt nicht der Fall war, störte mich nicht im Geringsten.

Wir erreichten den »Rond point des Saules« unmittelbar vor dem »Gymnase des droits de l'homme«. Hier gab es doch eine ganz beachtliche Zahl von Zuschauern, die uns laut applaudierten, als wir auf den Kreisverkehr einbogen. Irgendwo wurde eine große Fahne geschwenkt und ich erkannte plötzlich, dass es Leo, Sissi und Regine mit der österreichischen Fahne waren, die uns zujubelten. Sie erwarteten natürlich vor allem die Ankunft von Franz, der aber noch gut eine Stunde hinter uns lag. Diese Fahne hatten sie bzw. Margot und Ilka an den Kontrollstellen zuvor immer als Orientierungshilfe für uns Fahrer benutzt, damit wir die Fahrzeuge leichter finden konnten. Wir umrundeten den Kreisverkehr zur Hälfte und erreichten den Vorplatz der Turnhalle. Ein Ordner wies uns den Weg über eine Rampe direkt auf den etwas höher gelegenen Vorplatz. Damit hatte ich im ersten Moment gar nicht gerechnet, denn ich hatte die Zieleinfahrt eigentlich auf der Straße erwartet. Ich hatte damit gerechnet, dass die Straße neben dem »Gymnase des droits de l'homme«, die schon für die Startaufstellung benutzt wurde, auch die Zielgerade sein würde. Irgendwie vermisste ich einen Zielstrich, den ich mir in meiner Fantasie ausgemalt hatte. Diese Zieleinfahrt kam mir etwas unspektakulär vor, auch wenn eine ganz stattliche Anzahl von Zuschauern uns applaudierten. Unspektakulär vor allem deswegen, weil wir an diesem Punkt von unseren Rädern absteigen mussten und die letzten paar Meter über einen Kiesweg zu Fuß bis zum Halleneingang gehen mussten. Denn offiziell waren wir noch nicht im Ziel. Erst mussten wir noch die Kontrollkarten abgeben. Bevor wir das taten, hatte ich aber das Bedürfnis, dieser Situation etwas mehr Pathos zu verleihen und ich meinte zu den anderen beiden, dass man sich nach diesem gemeinsamen Abenteuer die Hand geben sollte. Hier waren die besten Wünsche, die man damit verbinden konnte wahrscheinlich die französischen Anfeuerungsrufe, die wir so oft unterwegs gehört hatten: »Bon courage« und »Bonne route«.

Wir schoben die letzten Meter zum Halleneingang, stellten unsere Räder ab und gingen hinein. Um 21.34 Uhr wurden unsere Chipkarten durch das Lesegerät gezogen und die Kontrollkarten ein letztes Mal abgestempelt. Ab diesem Moment waren wir offiziell im Ziel.

Ich blickte mich in der großen Turnhalle um. An manchen Stellen lagen schlafende Radfahrer herum, denen der Weg zurück in ihr Hotel zu weit geworden war. Ich verspürte eine große innere Befriedigung. Es war kein spontaner Gefühlsausbruch, sondern einfach die Krönung der Zufriedenheit und Genugtuung, die sich schon auf dem ganzen letzten Abschnitt bei mir in zunehmendem Maße eingestellt hatte. Die Gefühle, die sich nach einer so langen Ausdauerleistung einstellen, sind nicht überschäumender Art. Sie korrespondieren in gewisser Weise mit der Länge der Distanz, die man zurückgelegt hat. Das Wertvollste an ihnen ist daher, dass sie von Dauer sind. Im Extremfall können sie ein ganzes Leben andauern.

Epilog

Für Hubertus und mich bedeutete dies eine Endzeit von 64 Stunden und 33 Minuten. Für Bruno, entsprechend seiner früheren Startzeit, 9 Stunden mehr. Aber im Grunde interessierte das in diesem Moment überhaupt nicht, sondern alleine die Tatsache war wichtig, dass wir es geschafft hatten. Ich hatte inklusive der kleinen freiwilligen und unfreiwilligen Umwege 1257 Kilometer absolviert.

Später war es mir mit Hilfe meiner Computeraufzeichnungen und der Aufzeichnungen von Hubertus möglich, meine Nettozeit recht genau zu ermitteln. Von den 64 Stunden und 33 Minuten war ich effektiv 47 Stunden und 50 Minuten im Sattel gesessen, was einer Durchschnittsgeschwindigkeit auf der gesamten Strecke von 26,28 km/h entspricht. Die offizielle Zeitnahme ermittelte aus einem mir nicht bekannten Grunde eine geringfügig längere Endzeit von 64 Stunden und 39 Minuten. Das bescherte mir den 334. Platz von allen 3573 Startern bzw. den 307. Platz in der Kategorie der männlichen Einzelfahrer, von denen 3335 gestartet waren.

Wir standen nun in der Halle und überlegten uns, was wir mit dem angefangenen Abend noch machen sollten. Wir entschlossen uns, von hier aus direkt in ein Restaurant zu fahren, um die Sache würdig mit einer warmen Mahlzeit abzuschließen. Erst ins Hotel zu gehen, hätte zu viel Zeit gekostet. Wir fuhren in die Fußgängerzone von Guyancourt, wo man an einem künstlichen See zwischen Gebäuden im typisch französisch-modernen Stil so etwas Ähnliches wie Gemütlichkeit geschaffen hatte. In einem der italienischen Restaurants konnte man draußen, direkt am Wasser sitzen. Als Hubertus und ich schon saßen, hatte Bruno auf der Terrasse eines Restaurants nebenan Klaus entdeckt. Er ging noch ein Weilchen zu ihm rüber, um sich mit ihm zu unterhalten. Klaus hatte es wegen seiner Achillessehnenprobleme leider nicht geschafft, mit dem Fahrrad nach Paris zurückzukommen. Er hatte in Loudéac nach knapp 800 Kilometern aufgeben müssen.
Während Bruno noch bei Klaus war, bestellten Hubertus und ich schon mal jeder eine Portion Spagetti mit Salat. Während wir auf das Essen warteten, fragte mich Hubertus, ob ich so etwas noch einmal machen würde. Mein Hintern war total kaputt geritten und meine rechte Hand fühlte sich halb taub und kraftlos an, ansonsten ging es mir aber hervorragend und ich antwortete ohne zu zögern: »Auf jeden Fall!« Dies hier war der Abschluss einer großen Unternehmung und des bis dahin größten Abenteuers meines Lebens. Ich hatte aber das Gefühl, dass es in gewisser Weise erst der Anfang für mich

war im Extremradsport. Ich war eigentlich erst richtig auf den Geschmack gekommen.

Nach dem Essen fuhren wir zu dritt ins Hotel nach Trappes zurück. Hubertus und ich warteten zunächst noch einen Moment auf Bruno, der aus einem unmittelbar neben dem Restaurant gelegenen Hotel noch einen Rucksack von sich abholen musste. Wir nahmen natürlich die kürzeste Route zurück zu unserem Hotel in Trappes. Die ersten paar hundert Meter war ich nur im Stehen gefahren. Irgendwann machte ich den ersten Versuch, mich wieder auf den Sattel zu setzen. Dabei musste ich laut aufstöhnen. Ich fragte die anderen beiden, wie es ihnen mit dem Sitzen erginge. Hubertus meinte, er hätte es noch nicht versucht, sich wieder hinzusetzen und er wolle dies bis zum Hotel auch nicht mehr tun. Ich fragte Bruno, wie es überhaupt möglich wäre, die vierfache Distanz von P–B–P, also knapp 5000 km, vom Sitzen her zu überstehen. Schließlich hatte er dies schon zweimal bei Race Across America geschafft. Bruno meinte, dieses Mal hätte er es auch ziemlich arg mit dem Sitzen und er hätte einige Male an seinem Sattel herumgeschraubt, um die Sitzposition zu verbessern. Prinzipiell meinte er, wäre es natürlich wichtig, den für sich optimal passenden Sattel zunächst ausfindig zu machen. Dann hätte er bei RAAM oft zwei Hosen übereinander getragen oder einen Gel-Überzug für den Sattel benutzt. Außerdem wäre regelmäßiges Eincremen und Wechseln der Hosen sehr wichtig.

Nach weiteren fünf Kilometern hatten wir auch den allerletzten Abschnitt geschafft. Kurz vor der Hoteleinfahrt fiel mir wieder ein, dass unsere Hotelzimmer gar keine Schlüssel, sondern ein elektronisches Sperrsystem hatten. Man bekam eine sechsstellige Geheimnummer, mit der man das Zimmer öffnen konnte. In Erwartung der längst überfälligen Dusche und der Vorfreude auf das Bett, meinte ich im Spaß zu den anderen: »Stellt euch vor, man hätte jetzt den Zahlencode seines Hotelzimmers vergessen!« Wir verabschiedeten uns voneinander und wünschten uns gegenseitig eine gute Nacht. Vor meiner Zimmertür stellte ich beruhigt fest, dass ich den Zahlencode nicht vergessen hatte. Selten in meinem Leben habe ich eine Dusche so sehr herbeigesehnt wie in diesem Moment. Und selten habe ich solange an mir herumschrubben müssen, bis ich das Gefühl hatte, einigermaßen sauber zu sein. Meine verschwitzten Trikots waren derart stinkig, dass ich sie draußen auf den Fenstersims legte, um mir diese Geruchsbelästigung zu ersparen. Danach fiel ich zufrieden in mein Bett.

Eigentlich hatte ich erwartet, in dieser Nacht einen neuen Rekord im Dauerschlafen aufzustellen. Aber ich wachte am nächsten Morgen ganz normal gegen 7.30 Uhr auf. Ich fühlte mich zu meiner eigenen Überraschung voll ausgeschlafen und topfit. Was mich noch mehr erstaunte, war die Tatsache, dass Horst nicht neben mir lag. Eigentlich hatte ich erwartet, dass er irgendwann in der Nacht ankommen würde. Tatsächlich kam er erst am Mittag ins Ziel, nur wenige Stunden vor Ablauf des Zeitlimits. Ich hatte nur noch ganz kurz die Gelegenheit, mit ihm zu sprechen, da Ferdinand und Edith bereits auf ihn warteten, für die Rückfahrt nach Linz. Er machte aber einen sehr zufriedenen Eindruck und meinte, er wäre mit dem Schlafmangel nicht so gut zurecht gekommen und hätte sich daher etwas längere Pausen gegönnt. Auch ein großer Teil der anderen Teilnehmer machte sich im Laufe dieses Tages wieder auf den Heimweg. Mit einigen hatte ich noch Gelegenheit, die interessantesten Erlebnisse auszutauschen und mich von ihnen zu verabschieden.

Mein Flug nach Houston sollte erst am darauffolgenden Samstag starten und ich wollte die Gelegenheit nutzen, mir noch den Zieleinlauf der letzten Teilnehmer und die Siegerehrung anzuschauen. Hubertus wollte auch erst am Samstag fliegen. Da sein Rückflug nach München fast zeitgleich mit meinem Flug nach Houston startete, hatte er mir angeboten, mich in seinem Mietwagen mit zum Flughafen zu nehmen. Das ersparte mir den Kampf durch das Pariser U-Bahnsystem. Am späten Vormittag war auch er aufgestanden und als wir uns trafen, hatte er von irgendwoher schon die Neuigkeit des Tages aufgeschnappt. Der Witz, den ich am Vorabend über das Zahlenschloss des Hotelzimmers gemacht hatte, war für Bruno bitterer Ernst geworden. Er hatte seinen Zugangscode zwar nicht vergessen, aber da er 24 Stunden später als ursprünglich geplant ins Ziel gekommen war, hatte er das Hotelzimmer nicht weit genug im Voraus bezahlt. Daraufhin wurde von der Rezeption einfach der Zahlencode geändert. Im Endeffekt hatte Bruno die Nacht im Eingangsbereich des Hotels verbracht. Unglücklicherweise hatte er nicht gewusst, welche Zimmernummern Hubertus und ich hatten. Bei Hubertus wäre ein Bett frei gewesen. Selbst wenn Horst noch in der Nacht angekommen wäre, hätte er auch bei mir im Zimmer im dritten Bett schlafen können. Mir fiel jetzt wieder eine der lustigen Geschichten ein, die Bruno uns auf der letzten Etappe erzählt hatte. Irgendwie waren wir auf das Thema USA gekommen, weil ich von meinem Training dort berichtet hatte. Er hatte dort mal eine Nacht vor der Wohnungstür von Freunden verbracht, weil die versehentlich die Tür von innen abgeschlossen hatten und Bruno sie nicht aufwecken wollte. Am nächsten Morgen hatte er damit die ganze Nachbarschaft in Aufregung versetzt. Diese Geschichte hatte verblüffende Ähnlichkeit damit. Bruno ist eben einfach ein liebenswerter Chaot.

Hubertus und ich verabredeten uns, gemeinsam zum Mittagessen zu fahren. Vorher trafen wir noch Helmut Mittendrein aus Graz mit seiner Frau. Wir fragten, wie es ihm ergangen wäre und wir erfuhren, dass er es nicht ins Ziel geschafft hatte. Er hatte nach 600 Kilometern Kniebeschwerden bekommen. Diese waren aber viel schwerwiegender als die Probleme, die ich hatte. So wie er es beschrieb, musste es eine Knorpelaufrauung im Kniegelenk sein, die sehr schmerzhaft ist. Er war noch 300 km praktisch mit einem Bein gefahren, da sich das andere nicht mehr bewegen ließ. Als er erkennen musste, dass er das Zeitlimit in diesem Stil nicht mehr schaffen konnte, hatte er unter Tränen aufgegeben. Es tat mir aufrichtig Leid für ihn. Ich wusste aus eigener früherer Erfahrung, wie schmerzhaft eine Knorpelaufrauung im Knie sein konnte. Als ich seine Schilderung hörte, wurde mir richtig bewusst, wie läppisch die Gründe waren, die mich beinahe zur Aufgabe bewogen hätten. Um so mehr war ich froh, dass ich nicht aufgegeben hatte.

Helmut und seine Frau schlossen sich uns an und wir fuhren gemeinsam zum Mittagessen. Wir gingen wieder zum Italiener, bei dem wir auch am Vorabend schon waren. Wir saßen gerade erst am Tisch, als eine Gruppe Amerikaner kam und sich am Nebentisch niederließ. Ich schaute hinüber und erkannte plötzlich Robert. Das war wirklich unglaublich, wie man sich vor, während und nach dieser Veranstaltung immer wieder über den Weg lief, ohne es vorher zu planen. Wir freuten uns über das Wiedersehen und tauschten kurz die größten Neuigkeiten aus. Ich gab ihm meine Karte, damit wir in Kontakt bleiben könnten. Robert schlug vor, ich sollte ihn doch mal in Colorado besuchen kommen, dann könnten wir noch mal gemeinsam Rad fahren. Ein Wochenendflug von Houston wäre nicht sehr teuer. Diese Idee gefiel mir spontan sehr gut und wir verblieben in diesem Sinne.

Nach dem Essen fuhr ich mit Hubertus zum Zielbereich, um die letzten Teilnehmer bei der Zieleinfahrt zu sehen. Ich ärgerte mich sofort, dass ich meinen Fotoapparat vergessen hatte, denn es ereigneten sich hier noch einige spektakuläre und teilweise erschütternde Szenen. Einige Fahrer kamen vollkommen erschöpft ins Ziel und konnten sich gerade noch auf dem Fahrrad halten. Eine Teilnehmerin kam mit einer Halskrause ins Ziel. Offensichtlich war ihre Nackenmuskulatur kollabiert und sie konnte den Kopf nicht mehr aus eigener Kraft aufrecht halten. Bemerkenswert fand ich auch die Ankunft eines gemischten Tandems wenige Minuten vor Ende des Zeitlimits. Die Radfahrerin dieses Duos war extrem übergewichtig und brachte sicher 100 kg auf die Waage. Trotzdem stieg sie in relativ guter Verfassung vom Rad. Vielleicht hatte die Hauptarbeit ihr weniger übergewichtiger Vordermann geleistet, aber es war trotzdem bemerkenswert, dass sie sich diese Distanz überhaupt vorgenommen und sie am Ende auch geschafft hatte.

Zwei Stunden nach der Ankunft der letzten offiziellen Teilnehmer begann die Siegerehrung im »Gymnase des droits de l'homme«. Diese war eher langweilig und primär eine Selbstbeweihräucherungsveranstaltung der Organisatoren. Dass man bei so einer Veranstaltung auch alle Helfer und Organisatoren ehrt, ist selbstverständlich. Aber irgendwie hatte man das Gefühl, dass sich die Organisatoren selber wichtiger nahmen als die Athleten. Es wurde ausschließlich Französisch gesprochen, sodass ein großer Teil der internationalen Zuschauer ohnehin nicht verstand, um was es gerade ging. Das führte bei der geplanten Ehrung manch ausländischer Teilnehmer zu leichten Verwirrungen. Der positivste Teil war ein anschließendes kaltes Buffet, an dem sich alle, die solange ausgehalten hatten, stärken konnten. Ich traf dort auch Malcolm wieder. Dies hatte ich schon fast gehofft. Ich hatte vorsorglich eines meiner österreichischen Trikots zum Tauschen mitgenommen. Dies überreichte ich ihm nun und er meinte etwas verblüfft, dass er leider sein australisches Trikot nicht dabei hätte. Ich schlug ihm vor, ihn einfach am nächsten Morgen in seinem Hotel zu besuchen. Ich wollte mich vor meinem Transatlantikflug ohnehin noch ein bisschen mit dem Fahrrad ausfahren.

Am nächsten Morgen fuhr ich tatsächlich eine kleine Runde und schaute bei Malcolm im Hotel vorbei. Ich traf dort auch Jonathan Page wieder, den ich am Anfang der Woche zusammen mit Malcolm und Cassie in dem Pariser Vorortzug nach Trappes getroffen hatte. Er war in der 20.00 Uhr-Gruppe gestartet und hatte eine Zeit von 67h12m realisiert. Wir frühstückten kurz ein paar Happen gemeinsam und tauschten ein paar unserer Erlebnisse aus. Als ich von meiner Reparatur in Brest erzählte, fragte Jonathan mich, warum ich denn nicht zum Reparaturservice gegangen wäre, den es an jeder Kontrollstelle gab. In dieser Zeit hätte ich doch schon frühstücken können. Er hatte im Prinzip natürlich Recht. Zwei Punkte hatten aber dazu geführt, dass ich die Reparatur selber ausgeführt habe. Die Gewohnheit, grundsätzlich alles an meinem Fahrrad selber zu reparieren, ist bei mir so verinnerlicht, dass ich die Existenz des Reparaturservice nur unterbewusst zur Kenntnis genommen hatte. Ich betrachte mein Fahrrad quasi als Teil von mir selbst und lasse nur sehr ungern jemand anderes daran. Ich Nachhinein betrachtet war diese Haltung unter den gegebenen Umständen sicher nicht sinnvoll.

Ich musste mich langsam wieder auf den Weg machen, da ich mich mit Hubertus verabredet hatte, um 10.00 Uhr zum Flughafen loszufahren. Ich tauschte mit Malcolm die E-Mail-Adressen aus und er überreichte mir sein australisches Trikot mit der Aufschrift »Paris–Brest–Paris 1999«. Dies bedeutete mir sehr viel und es war ein Symbol für eine neue Freundschaft, die ich mit ihm geschlossen hatte.

Ich schaffte es gerade eben noch, rechtzeitig zum Hotel zurückzukehren, da ich mein Fahrrad noch flugfertig machen musste. Um 10.00 Uhr holte mich Hubertus in meinem Zimmer ab und wir machten uns auf die Heimreise. Wir kamen auf dem Pariser Autobahnring problemlos durch und erreichten gegen 11.00 Uhr den Flughafen Charles-de-Gaulle. Mein Flug sollte um 12.55 Uhr starten. »Kein Problem«, sollte man normalerweise denken. Dieser Flughafen sollte mich aber eines Besseren belehren. Hubertus musste seinen Mietwagen bei Terminal 1 abgeben, von wo aus auch sein Flug nach München startete. Wir verabschiedeten uns gleich nach dem Abstellen des Mietwagens, da ich mich zum Terminal 2 durcharbeiten musste. Wie sich herausstellte, wurde der Transfer zwischen den beiden Terminals ausschließlich mit Bussen organisiert. Nachdem ich endlich die Haltestelle ausfindig gemacht hatte, klapperte dieser Bus jede »Milchkanne« am Flughafen ab. An jeder Haltestelle wurde der Bus voller, bis effektiv niemand mehr hineinpasste. Da war ich mit meinem Fahrrad an der Hand natürlich besonders gut am Platze. Nach einer ewigen Runde um das ganze Flughafengelände hielt der Bus dann wegen einer Bombendrohung und einem Polizeiauflauf nicht vor meinem Terminalbereich. Dadurch musste ich noch eine halbe Runde extra drehen und vom gegenüberliegenden Bereich zu Fuß gehen, nachdem ich mich aus dem überfüllten Bus gequält hatte. Als ich schließlich in der richtigen und einzigen Warteschlange für meinen Flug stand, ging dort die Abfertigung nur im Schneckentempo vorwärts. Als ich dann als Letzter einchecken wollte, kamen die zusätzlichen Probleme mit dem Fahrrad hinzu. Um 12.50 Uhr war schließlich der Spezialkarton endlich da, den *Continental* für den Transport vorschrieb. Anschließend musste ich mein Fahrrad noch selber darin verpacken. Zum krönenden Abschluss gab es eine ewig lange Schlange bei der Passkontrolle und der Handgepäckkontrolle. Das Flughafenpersonal meinte, alle Passagiere von zwei Transatlantikflügen durch ein einziges Kontrollband schleusen zu müssen. Als ich schließlich an meinem Abfluggate stand, war es 13.15 Uhr. Nur Dank der Verspätung des Zubringerfluges aus München habe ich meinen Flieger gerade noch erreicht. Irgendwie passte das Ganze zu dieser abenteuerlichen Woche, die damit angefangen hatte, mein Fahrrad durch die Pariser U-Bahn zu schleusen. Auf dem neunstündigen Flug nach Houston hatte ich viel Zeit, diese Woche noch mal in Gedanken Revue passieren zu lassen. Ich hatte mir davor nicht vorstellen können, dass sie so abenteuerlich und ereignisreich werden würde. Um so zufriedener war ich, wie sie verlaufen war.

Die Frage nach dem Sinn

Viele werden sich sicherlich nach dem Sinn fragen, sich freiwillig solchen Strapazen zu unterziehen und an einem so langen Extremradrennen teilzunehmen. Der Unterschied zwischen einem herkömmlichen, »kurzen« Radrennen und Ultradistanzradrennen wie Paris–Brest–Paris oder, noch viel extremer, Race Across America ist vor allem folgender: Letztere sind nicht nur eine körperliche Erfahrung, sondern eine Erfahrung für Körper *und* Geist. So lange Strecken fast ohne Pause Rad zu fahren ist daher nicht einfach nur Sport, sondern auch eine sehr intensive spirituelle Erfahrung. Natürlich gibt es auch unter den Langstreckenradfahrern Unterschiede. Auch sie haben individuelle Prioritäten und unterschiedliche Zielsetzungen, sichtbar an der unterschiedlichen Konsequenz, eine solche Veranstaltung wirklich als Rennen aufzufassen. Trotzdem verbindet sie alle dieses unsichtbare Band des »Langstreckenvirus«. Wer einmal davon erfasst wird, kommt so leicht nicht mehr davon los.

In unserer heutigen Gesellschaft ist man derart von Sachzwängen und Erwartungsdruck umgeben, dass es nur noch wenige Möglichkeiten gibt, zu sich selbst zu finden. Die Erfahrungen und Erinnerungen, die man bei so einem Abenteuer jenseits des Alltäglichen sammelt, sind etwas Dauerhaftes und Individuelles in einer auf Schnelllebigkeit und Konformität ausgerichteten Gesellschaft. Ein Radrennen wie Paris–Brest–Paris ermöglicht es zudem, diese Erfahrungen und Erinnerungen mit Gleichgesinnten zu teilen.

Sicher gibt es auch andere Wege, vielleicht auch weniger strapaziöse, zu einem ähnlichen Ziel zu gelangen. Den Weg dahin muss aber jeder Mensch, der nach Individualität und Selbsterfahrung strebt, für sich selbst finden.

Danksagung

Ich möchte die Gelegenheit nutzen, mich bei all denen zu bedanken, die mich bei diesem Abenteuer unterstützt haben. Allen voran bei Margot Haslbeck, die meine Flüssignahrung gewissenhaft an jeder Kontrollstelle deponiert hat und immer ein paar nette Worte für mich übrig hatte, wenn ich bei ihr vorbeischaute. Ohne diese Unterstützung hätte ich nicht so schnell fahren können. Dann bei Leo Schulcsik und Sissi Rathbauer, die unglaublich hilfsbereit waren und mir insbesondere in Brest bei der Reparatur meines Fahrrades geholfen haben. Aber auch bei Ilka Bäumel, Andrea Urbanek, Edith Jung und Regine Feistritzer für ihre moralische Unterstützung. Oft war die bloße Anwesenheit eines bekannten Gesichtes und die Möglichkeit, ein paar Worte wechseln zu können bereits wertvolle Unterstützung. Schließlich möchte ich mich bei allen Randonneuren bedanken, mit denen ich gemeinsam unterwegs war. Insbesondere bei Hubertus Hohl, mit dem ich mehr als ein Drittel der Strecke gemeinsam gefahren bin und dem ich auch im Umfeld wegen diverser Mitfahrgelegenheiten zu Dank verpflichtet bin. Last but not least möchte ich mich bei Klaus Bäumel bedanken für die Organisation der Qualifikationsbrevets und der Hotelbuchung und all der kleinen Dinge, die dazugehören. Er hatte die österreichische Qualifikation 1995 neu ins Leben gerufen und damit mir und fünf weiteren Fahrern aus Süddeutschland viermal den wesentlich weiteren Weg nach Hamburg erspart. Zu guter Letzt danke ich ihm, meinen Freunden Annette Klausmann und Nikolaus Krasser, meiner Schwester Angelika Leppert und meiner Mutter Inge Schröder für die wertvollen Anregungen zu diesem Buch.

Übersichtskarte

Höhenprofil der Strecke

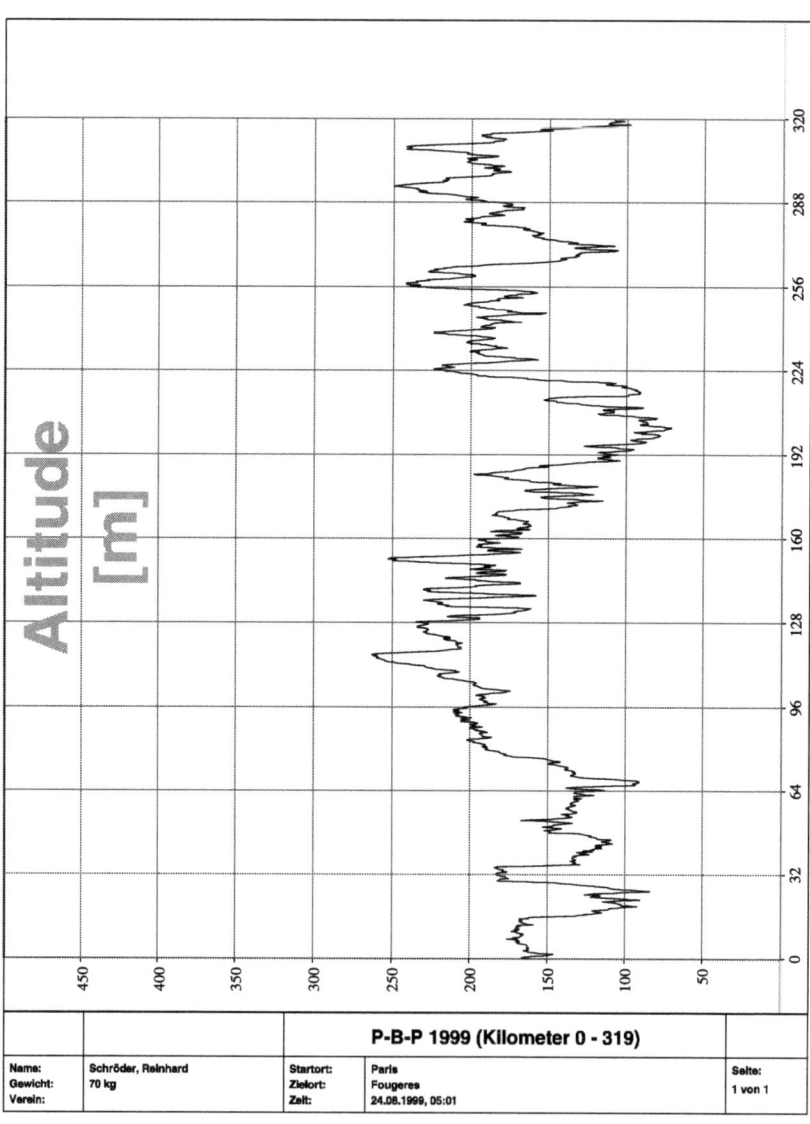

			P-B-P 1999 (Kilometer 0 - 319)		
Name:	Schröder, Reinhard	Startort:	Paris		Seite:
Gewicht:	70 kg	Zielort:	Fougeres		1 von 1
Verein:		Zeit:	24.08.1999, 05:01		

Erstellt mit der *HACtronic* Software des *Ciclocontrol* CC-HAC-4.

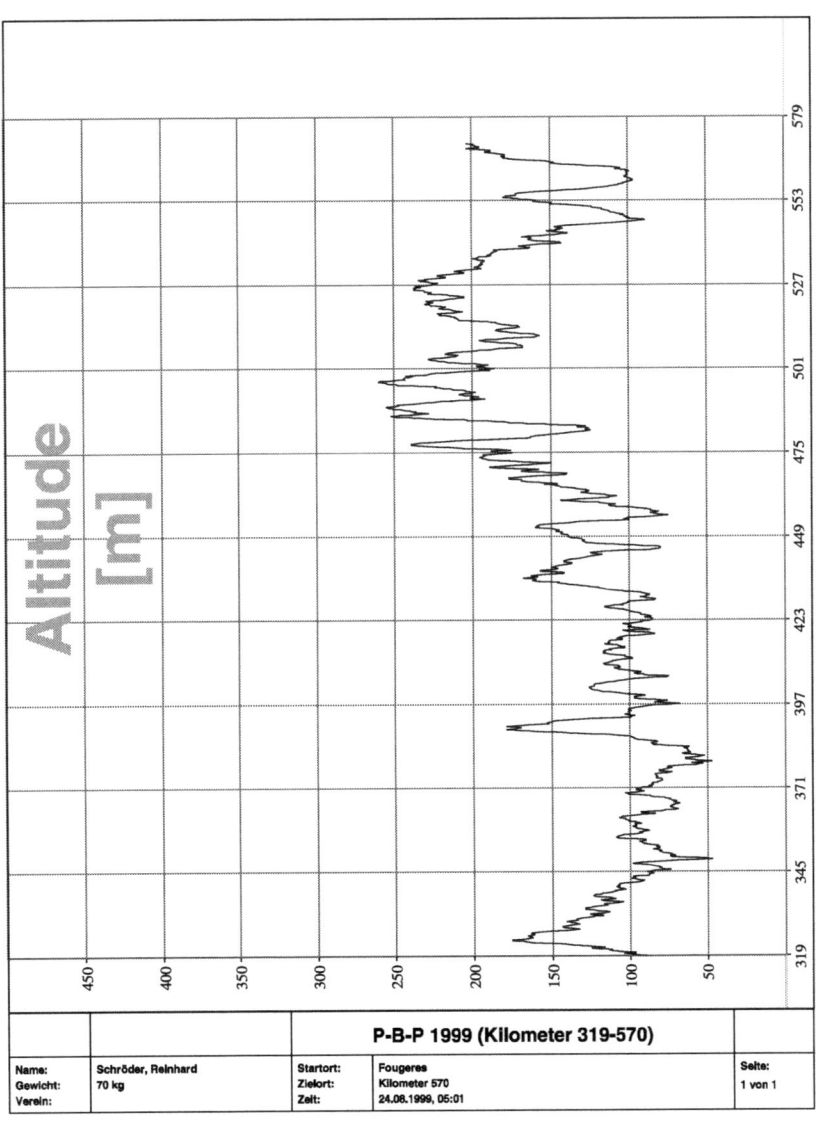

Erstellt mit der *HACtronic* Software des *Ciclocontrol* CC-HAC-4.

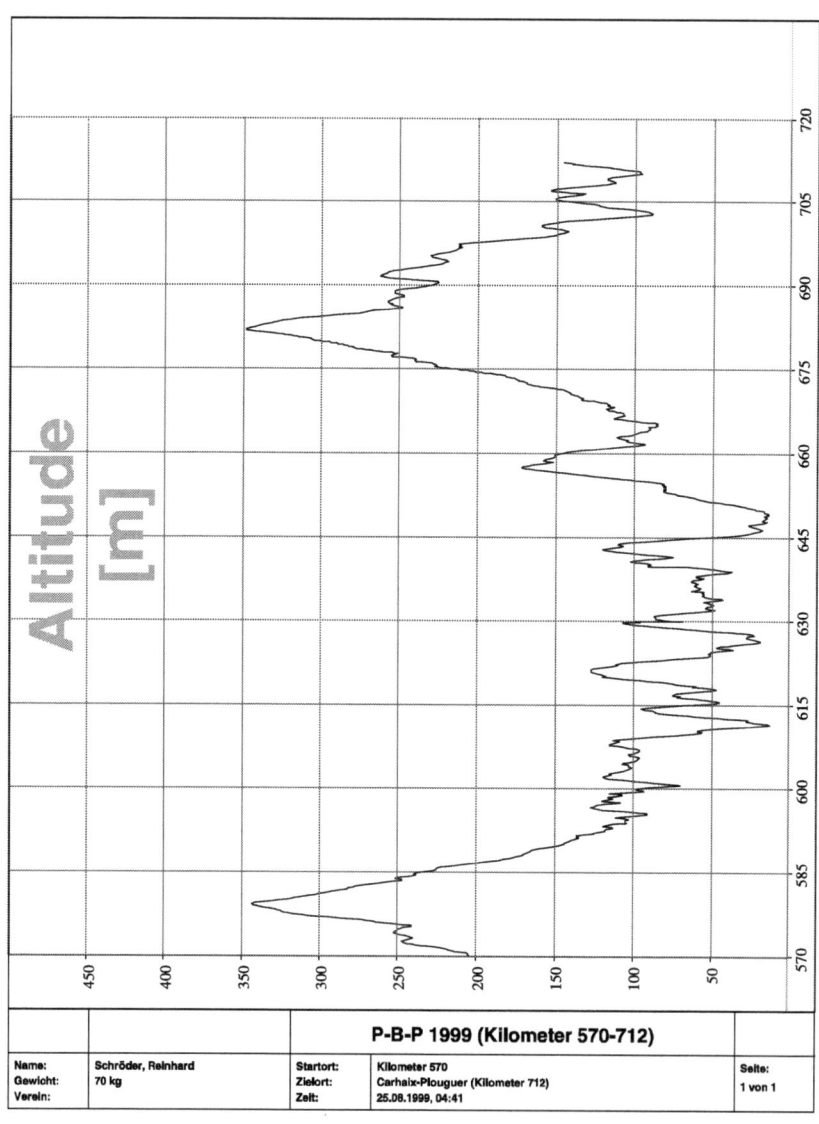

P-B-P 1999 (Kilometer 570-712)

Name:	Schröder, Reinhard	Startort:	Kilometer 570	Seite:
Gewicht:	70 kg	Zielort:	Carhaix-Plouguer (Kilometer 712)	1 von 1
Verein:		Zeit:	25.08.1999, 04:41	

Erstellt mit der *HACtronic* Software des *Ciclocontrol* CC-HAC-4.

Ausrüstung

Das Fahrrad, mit dem ich dieses Rennen fuhr, war ein 11 Jahre altes *Peugeot*-Rennrad mit 16 Gängen. Außer dem Rahmen waren nur die Tretkurbeln und die Bremsen noch Originalteile. An den entscheidenden Stellen war es immer wieder erneuert und modernisiert worden. Ich hatte vorne zwei Kettenblätter mit 52 bzw. 42 Zähnen. Der Zahnkranz war 8fach abgestuft von 26–13 Zähnen. Dies empfand ich als voll ausreichend, da die meisten Steigungen eher moderat waren.

Folgende Ausrüstungsgegenstände führte ich mit mir:

1 *Assos-Campionissimo*-Radhose, 1 Ersatzradhose
2 Trikots
1 Paar *Adidas-Vuelta*-Radschuhe mit orthopädischen Einlagen, 1 Paar *defeet*-Radsportsocken
1 Paar *Roeckl*-Radhandschuhe, 1 Paar lange Handschuhe
1 *Giro-Helios*-Fahrradhelm
1 Paar *Assos*-Ärmlinge, 1 Paar *Gore*-Beinlinge
1 *GoreTex*-Regenjacke, 1 *Löffler-Activent*-Regenhose, 1 Paar *MantoTex*-Überschuhe
1 *RudyProject-PycoonUno*-Radsportbrille mit Korrektureinsatz, 1 getöntes Austauschvisier

1 *VeloSport*-Rahmentasche mit 9 Liter Volumen
1 *CicloControl-CC-HAC-4*-Fahrradcomputer
1 *Cateye*-Halogenstrahler vom Typ HL-1500-G mit 4 *Duracell*-Mignonbatterien (Brenndauer auf niedriger Stufe ca. 8 Stunden)
1 *Petzl*-Stirnlampe mit einer *Duracell*-Flachbatterie vom Typ 3LR12 (Brenndauer 16,5 Stunden mit herkömmlicher Glühbirne)
1 Garnitur Ersatzbatterien (4 Mignonzellen) und 2 Ersatzglühbirnen
1 *Cateye*-Rücklicht vom Typ TL-AU 100-G, 1 *Cateye*-Rücklicht vom Typ TL-LD 120 C-1 als Ersatz
1 reflektierender Gürtel
1 Ersatzschlauch, 1 Flickzeug, 2 Reifenheber
4 Inbusschlüssel, 1 Schweizer Taschenmesser
1 Zahnkranzabzieher, 1 Ersatzspeiche, 1 Nippelspanner
1 Filmdöschen mit Sonnencreme, 1 Filmdöschen mit Sitzcreme für die Radhose

40 *PowerBar*-Kraftriegel

Gesamte Nahrungsaufnahme unmittelbar vor und während des Rennens:

2 *PowerBar*, 1 Banane, 1 Schinkenbaguette, 1 Flasche *Ensure*	=	1880 KCal
29 *PowerBar*-Kraftriegel à 230 KCal	=	6670 KCal
22 Dosen *Ensure*-Flüssignahrung à 250 KCal	=	5500 KCal
1 Schinkenbaguette	=	300 KCal
3 warme Mahlzeiten	=	2400 KCal
2 Bananen	=	240 KCal
ca. 25 Liter Orangensaft-Wasser-Gemisch oder *Gatorade*	=	6250 KCal
		23240 KCal

Trainingspensum zwischen dem 1.1.1999 und 31.12.1999:

Rad fahren:	10785 Kilometer
Laufen:	1141 Kilometer

Statistik des 14. Paris–Brest–Paris Randonneurs 1999

	1. Start (80h)	2. Start (90h)	3. Start (84h)	Gesamt
Einschreibungen	818	2357	514	3689
Nicht-Starter	37	71	8	116
Starter	781	2286	506	3573
Aufgaben	157(20%)	353(15%)	85(17%)	595(17%)
Finisher	624	1933	421	2978
Zeitüberschreitungen	2	-	-	2
Homologationen	622	1933	421	2976

	Ausländer	Franzosen	Frauen	Männer
Einschreibungen	1660(45%)	2029(55%)	240(6.5%)	3449(93.5%)
Nicht-Starter	60	56	6	110
Starter	1600	1973	234	3339
Aufgaben	247(15%)	348(18%)	52(22%)	543(16%)
Finisher	1353	1625	182	2796
Zeitüberschreitungen	2	-	-	2
Homologationen	1351	1625	182	2794

	P–B–P-Veteranen	Neulinge
Einschreibungen	1308(35%)	2381(65%)
Nicht-Starter	39	77
Starter	1269	2304
Aufgaben	208(16%)	387(17%)
Finisher	1061	1917
Zeitüberschreitungen	-	2
Homologationen	1061	1915

Verteilung der Einschreibungen nach der Anzahl bisheriger Teilnahmen bei P–B–P [6]:

8 Teilnahmen: 2
7 Teilnahmen: 5
6 Teilnahmen: 10
5 Teilnahmen: 28
4 Teilnahmen: 81
3 Teilnahmen: 167
2 Teilnahmen: 345
1 Teilnahme: 669

Verteilung der Einschreibungen nach Lebensalter [6]:

< 20 Jahre: 5
20-30 Jahre: 129
30-40 Jahre: 674
40-50 Jahre: 1365
50-60 Jahre: 1154
60-70 Jahre: 342
>70 Jahre: 9

Ältester Teilnehmer war Eugèen Jacobs aus Belgien,
geboren am 7.6.1924 in 76h37m.

Die jüngste Teilnehmerin war Viki Melle Brown aus England,
geboren am 16.8.1981 in 89h33m.

Der jüngste Teilnehmer war Ryan Maloney aus den USA,
geboren am 12.8.1981 in 83h33m.

Verteilung der 3689 eingeschriebenen Fahrer nach Nationen:

2029 Franzosen, 411 Amerikaner, 342 Briten, 139 Dänen, 118 Italiener,
96 Spanier, 94 Deutsche, 82 Holländer, 72 Belgier, 70 Australier,
69 Kanadier, 50 Schweden, 30 Norweger, 25 Russen, 18 Österreicher,
16 Südafrikaner, 8 Finnen, 7 Bulgaren, 5 Schweizer, 4 Iren, 2 Luxemburger,
1 Ukrainer und 1 Costa Ricaner.

Ergebnisse des 14. Paris–Brest–Paris Randonneurs 1999

Männer			
Platz	**Name**	**Nat**	**Zeit**
1.	DEPLAIX Philippe	F	44h22m
	BOCQUET Christophe	F	44h22m
3.	MORAN Denis	F	44h39m
	JUILLARD Pascal	F	44h39m
	MALARD Gilles	F	44h39m
	LE DU Herve	F	44h39m
	BODIN Loec	F	44h39m
8.	EISENBRAUN Johann	A	45h33m
9.	DICKSON Scott	USA	45h44m
10.	BRIAND Dominique	F	45h52m
	:		
236.	EIBISBERGER Bernd	D	62h11m
	:		
241.	JUNG Ferdinand	A	62h22m
	:		
250.	TATRAI Gerry	AUS	62h44m
	:		
307.	SCHROEDER Reinhard	D	64h39m
	HOHL Hubertus	D	64h39m
	:		
335.	ROGERS Malcolm	AUS	65h13m
	:		
381.	SCHULCSIK Franz	A	66h3m
	:		
431.	PAGE Jonathan	AUS	67h12m
	:		
928.	HEER Bruno	CH	73h40m
	:		
1331.	STOEGMUELLER Horst	A	79h22m
	:		
1385.	AMES Robert	USA	79h59m
	:		
	:		
	:		
2703.	SCHOOS Daniel	F	92h0m
	LINDBLAD Lars	S	92h0m
	MAGUERRE Pierre	F	92h0m

Frauen			
Platz	**Name**	**Nat**	**Zeit**
1.	LYON Melinda	USA	53h11m
2.	CHABANAL Francoise	F	56h31m
3.	CHARY Denise	F	59h57m
4.	QUITTOT Sylvie	F	60h3m
5.	LOWE Cassandra	AUS	60h14m
6.	BREAUD Debbie	USA	60h49m
7.	BRADSHAW Dana	USA	63h20m
8.	VIGNERON Suzanne	F	63h20m
9.	FRECHETTE Nancy	CDN	64h43m
10.	ELLESTAD Denise	USA	66h45m
	:		
	:		
	:		
	:		
	:		
	:		
	:		
141.	BALEMBOIS Monique	F	92h0m

Tandems			
Platz	**Name**	**Nat**	**Zeit**
1.	DROUET Didier & DELAHAIE Lionel	F	46h22m
	MINGANT Michel & REYNAUD Philippe	F	46h22m
3.	RICHEFORT Jean-Michel & VOET Thierry	F	49h44m
4.	DANCZUL Stefan & GOEBEL Michael	A	51h31m
5.	KASERER Franz & VONACH Rudolf	A	53h30m
	:		

Gemischte Tandems			
Platz	**Name**	**Nat**	**Zeit**
1.	HARRIS Adrian & GROESBECK Jodi	USA	49h3m
2.	CHABIRAND Jean-Claude & CHABIRAND Nicole	F	62h34m
3.	KERHERVE Jean-Pierre & KERHERVE Lisette	F	64h14m
4.	LEIER Brian & LEIER Susan	CDN	64h27m
5.	PERGET Andre & GUY Chantal	F	66h59m
	:		

Spezialfahrräder			
Platz	**Name**	**Nat**	**Zeit**
1.	FOURNEY Bob	USA	47h17m
2.	BUNDRICK David	USA	65h15m
3.	WIGHT Ray	CDN	71h5m
4.	FIELD Patrick	GB	84h0m
5.	KUIJPER Dirk	NL	84h49m
	:		

Individuelle statistische Auswertung Paris–Brest–Paris 24.–26.8.1999

Kontrolle	Teil-stre-cke /km	Ge-samt-strecke /km	Uhrzeit	Netto-fahrzeit	Brutto-fahrzeit	Gesamt-netto-fahrzeit	Gesamt-brutto-fahrzeit	Mittlere Geschw. (Etappe) /km/h	Mittlere Geschw. (gesamt) /km/h	Gesamt-höhen-meter /m	Stopp-zeit /min	Zwi-schen-stopps /min
Paris	0	0	5:01 24.8.	0	0	0	0	0	0	0	-	-
Mortagne Au Perche	152,14	152,14	10:10	5:08:04	5:09:04	5:08:04	5:09:04	29,63	29,63		15	1
Villaines la Juhel	80,97	233,11	13:18	2:52:40	2:53:40	8:00:44	8:17:31	28,14	29,09		18	1
Fougeres	86,18	319,29	16:38	3:00:55	3:01:25	11:01:39	11:37:23	28,58	28,95		30,5	0,5
Tinténiac	58,76	378,05	19:21	2:12:14	2:12:14	13:13:53	14:20:12	26,66	28,57		22	
Loudéac	86,49	464,54	23:12	3:17:19	3:28:49	16:31:12	18:11:34	26,30	28,12		28,5	11,5
Carhaix-Plouguer	78,87	543,41	2:51 25.8.	3:08:46	3:10:16	19:39:58	21:50:26	25,07	27,63	3950	27,5	1,5
Brest	87,16	630,57	7:10	3:28:47	3:50:47	23:08:45	26:09:15	25,05	27,24		139,5	22
Carhaix-Plouguer	82,36	712,93	12:49	3:10:33	3:19:33	26:19:18	31:47:42	25,93	27,09	5650	83	9
Loudéac	81,78	794,71	17:19	3:02:55	3:06:55	29:22:13	36:17:55	26,83	27,06	6250	44	4
Tinténiac	87,37	882,08	21:50	3:41:51	3:46:51	33:04:00	40:49:00	23,63	26,67		72	5
Fougeres	60,05	942,13	1:45 26.8.	2:43:00	2:43:00	35:47:00	44:44:00	22,10	26,33		350	
Villaines la Juhel	83,09	1025,22	10:58	3:15:00	3:23:00	39:02:00	53:57:00	25,57	26,26		47	8
Mortagne Au Perche	81,32	1106,54	15:00	3:04:00	3:15:00	42:06:00	57:59:00	26,52	26,28		12	11
Nogent Roi	82,37	1188,91	18:14	2:58:00	3:02:00	45:04:00	61:13:00	27,77	26,38		30	4
Paris	68,11	1257,02	21:34	2:46:00	2:50:00	47:50:00	64:33:00	24,62	26,28	9600	-	4

Literaturverzeichnis

[1] http://www.lib.utexas.edu/Libs/PCL/Map_collection/europe/France.GIF
[2] http://www.audax.uk.net/handbook/histpbp.htm
[3] http://www.bgcycling.org/BRM/English/pbp.html
[4] http://www.geocities.com:80/Pipeline/Shore/4768/pbp.html
[5] http://www.cyclos-cyclotes.org/pbp/pbp.html
[6] http://www.audax-club-
     parisien.com/web/paris_brest_paris/pbp_jour_ang.html

Links zu anderen Langstreckenrennen:

London-Edinburgh-London:
http://www.audax.uk.com/el/index.htm
Boston-Montreal-Boston:
http://www.geocities.com/Colosseum/2750/
Rocky Mountain 1200:
http://www.tour-bc.net/rando/rm1200.htm
http://www.island.net/~randos/index.html
Perth-Albany-Perth:
http://www.audax.org.au/pap/index.html
Great Southern Randonnée:
http://www.audax.org.au/gsr/index.html
Race Across America (RAAM):
http://www.raceacrossamerica.org/
Race Across Europe:
http://www.race-across-europe.de/

Sonstige Links:

Audax Randonneurs Allemagne:
http://www.audax-randonneurs-allemagne.de/
Randonneurs Autriche:
http://www.radpoint.com/pages/paris_brest.htm
Randonneurs USA:
http://rusa.org/
Audax Australia:
http://www.audax.org.au/
Audax UK:
http://www.audax.uk.com/

Der Autor

Reinhard Schröder wurde am 12. September 1966 in Villingen im Schwarzwald geboren. Nach dem Abitur und dem Grundwehrdienst studierte er von 1987 bis 1993 Elektrotechnik mit Fachrichtung Hochfrequenztechnik an der Universität Karlsruhe. Seit 1994 arbeitet er als wissenschaftlicher Mitarbeiter am Institut für Hochfrequenztechnik und Radarsysteme des Deutschen Zentrums für Luft- und Raumfahrt e.V. (DLR) in Oberpfaffenhofen bei München. Unter anderem nahm er im Februar 2000 als Radaringenieur an der Shuttle Radar Topography Mission (http://quest.arc.nasa.gov/ltc/jpl/srtm.html, http:// www.dlr.de/srtm) teil. Die Vorbereitung dieser Mission führte ihn schon im Sommer 1999 für mehrere Wochen nach Houston, wodurch er einen großen Teil seiner Trainingsvorbereitung in Texas absolvierte.

Kontaktadresse:

randonneur@t-online.de oder reinhard_schroeder@gmx.de

Homepage:

http://www.randonneur.de

Der TitanFlex-Rahmen

Die Teilnahme bei P–B–P war sozusagen die letzte Ehre, die ich meinem alten Rennrad erwiesen habe. Mittlerweile habe ich mich entschlossen, keine Kompromisse mehr bei der Materialauswahl zu machen. Seit Januar 2000 fahre ich als erster Europäer den *TitanFlex*-Rahmen, der in einmaliger Weise Fahrkomfort, Stabilität, geringes Gewicht, Aerodynamik und Langlebigkeit miteinander verbindet. Gerry Tatrai aus Sydney, Australien hat auf diesem Rahmen 1998 das Race Across America gewonnen. Er hat mit ein und demselben Rahmen fünfmal das RAAM und diverse andere Langstreckenrennen bestritten, außerdem einen Rekord im Guiness Buch für die schnellste Australiendurchquerung aufgestellt. Mit mehr als 150.000 Kilometern auf diesem Rahmen, sieht er nach wie vor keinen Grund, diesen zu wechseln.

Mit dem Wertgutschein auf der letzten Seite dieses Buches erhält jeder Käufer eines *TitanFlex*-Rahmens oder eines kompletten *TitanFlex*-Rennrades 300 US $ Rabatt. Der Rahmen wird ausschließlich in San Diego, Kalifornien in Handarbeit produziert und direkt von dort an die Kunden ausgeliefert. Für weitergehende Informationen siehe auch http://www.randonneur.de

Das TitanFlex-Rennrad in voller Schönheit.

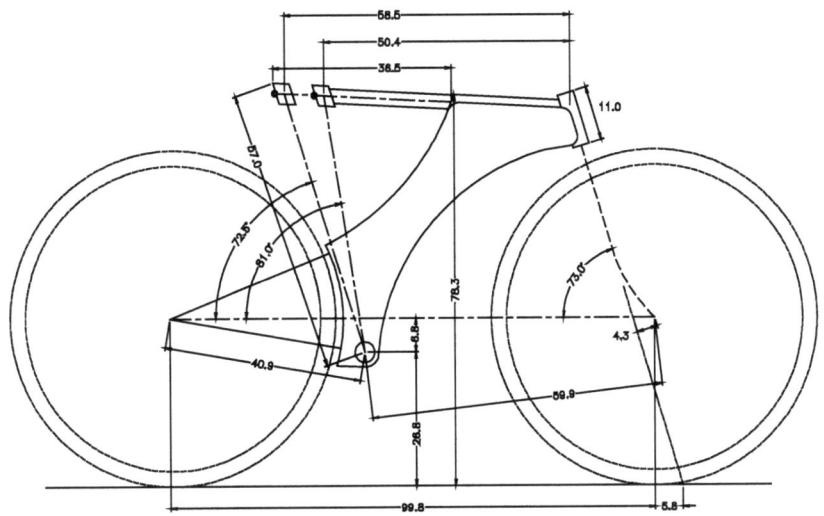

Die Geometrie des 700c-Rahmens (für 28 Zoll Laufräder).

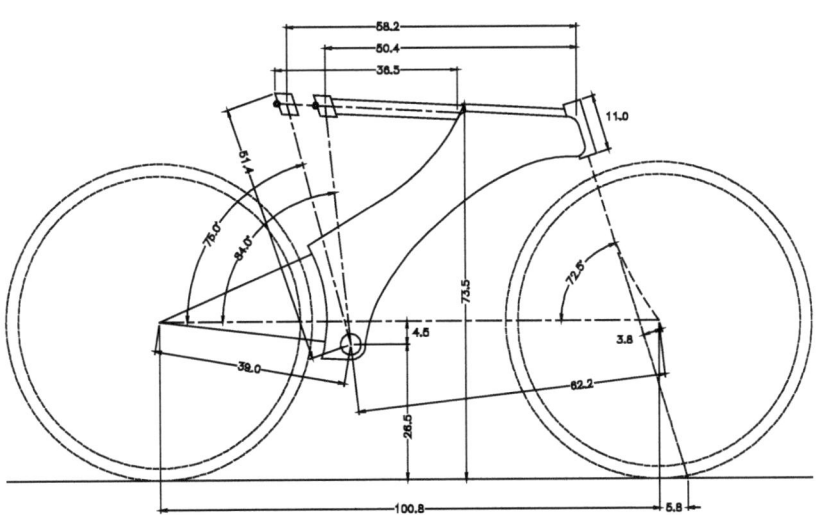

Die Geometrie des 650c-Rahmens (für 26 Zoll Laufräder).

Wertgutschein (Coupon)

Dieser Wertgutschein gewährt jedem Käufer eines *TitanFlex*-Rahmens oder eines kompletten *TitanFlex*-Rennrades 300 US $ Rabatt auf den Kaufpreis.

This coupon gives each purchaser of a *TitanFlex*-frameset or a complete *TitanFlex*-racebike a discount of 300 US $ on the total price.

Nachname (family name): ....

Vorname (first name): ....

Straße (street): ....

Ort (city): ....

PLZ (zip code): ....

Land (country): ....

Der Käufer nimmt zur Kenntnis, dass die Einhaltung der Zoll- und Steuergesetze seines Heimatlandes in seiner alleinigen Verantwortung liegt.

It is the purchaser's responsibility to comply with all customs and tax regulations of the country in which possession is taken.

Unterschrift (signature): ....

Interessenten ohne Internetzugang können weitergehende Informationen bei folgender Adresse gegen Einsendung eines ausreichend frankierten (in Deutschland 3 DM) und selbst adressierten Rückumschlages (C5 oder größer) anfordern. Diese Informationen sind identisch mit denen unter http://www.ttinet.com/tf und beinhalten ein Bestellformular.

Prospective customers without internet access may request further information by sending a self-addressed and stamped (in Germany 3 DM) envelope (C5 or larger) to the following address. This information is identical to that available at http://www.ttinet.com/tf. An order form is included.

Reinhard Schröder
Feichtholzweg 11
D-82205 Gilching

Die Bestellung kann anschließend zusammen mit dem ausgefüllten Coupon an oben stehende Adresse geschickt werden.

The order form may be sent together with the filled in coupon to the specified address.

Dieser Coupon kann schneller und einfacher auf elektronischem Wege eingelöst werden. Dazu wird die Bestellung des *TitanFlex*-Rahmens oder *TitanFlex*-Rennrades direkt auf der Internetseite des Produzenten durchgeführt (http://www.ttinet.com/tf). Um die 300 US $ Rabatt zu bekommen, muss zusätzlich eine E-Mail mit dem vollständigen Namen und der vollständigen Adresse des Käufers an titanflex@randonneur.de geschickt werden (siehe auch http://www.randonneur.de).

This coupon may be redeemed faster and easier by electronic means. The order form for the *TitanFlex*-frameset or the *TitanFlex*-racebike is filled in directly on the internet page of the producer (http://www.ttinet.com/tf). To receive the 300 US $ discount an additional e-mail with the full name and the full address of the customer must be sent to titanflex@randonneur.de (see http://www.randonneur.de).